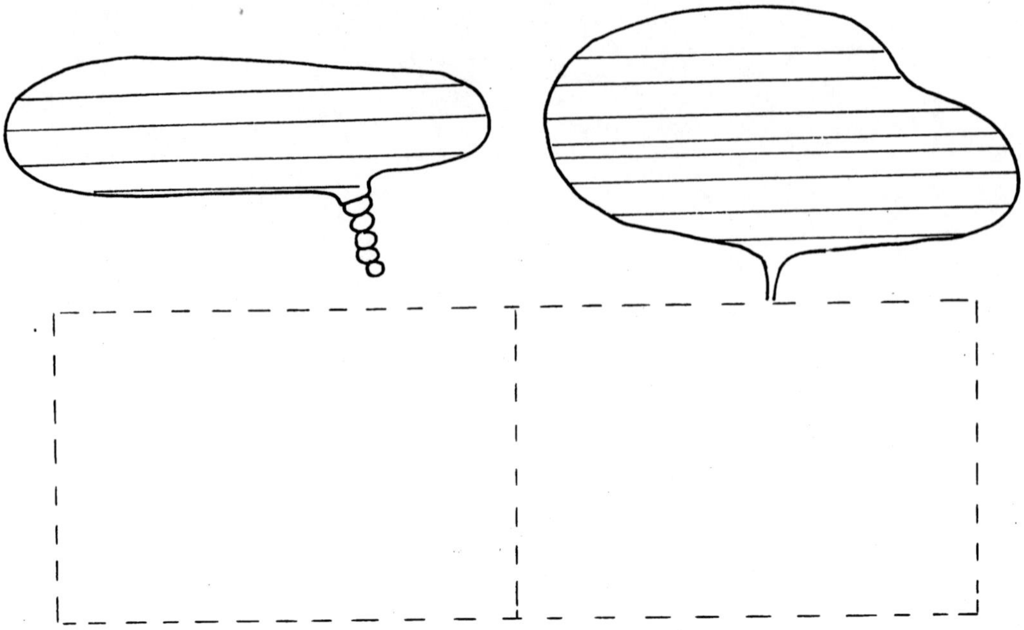

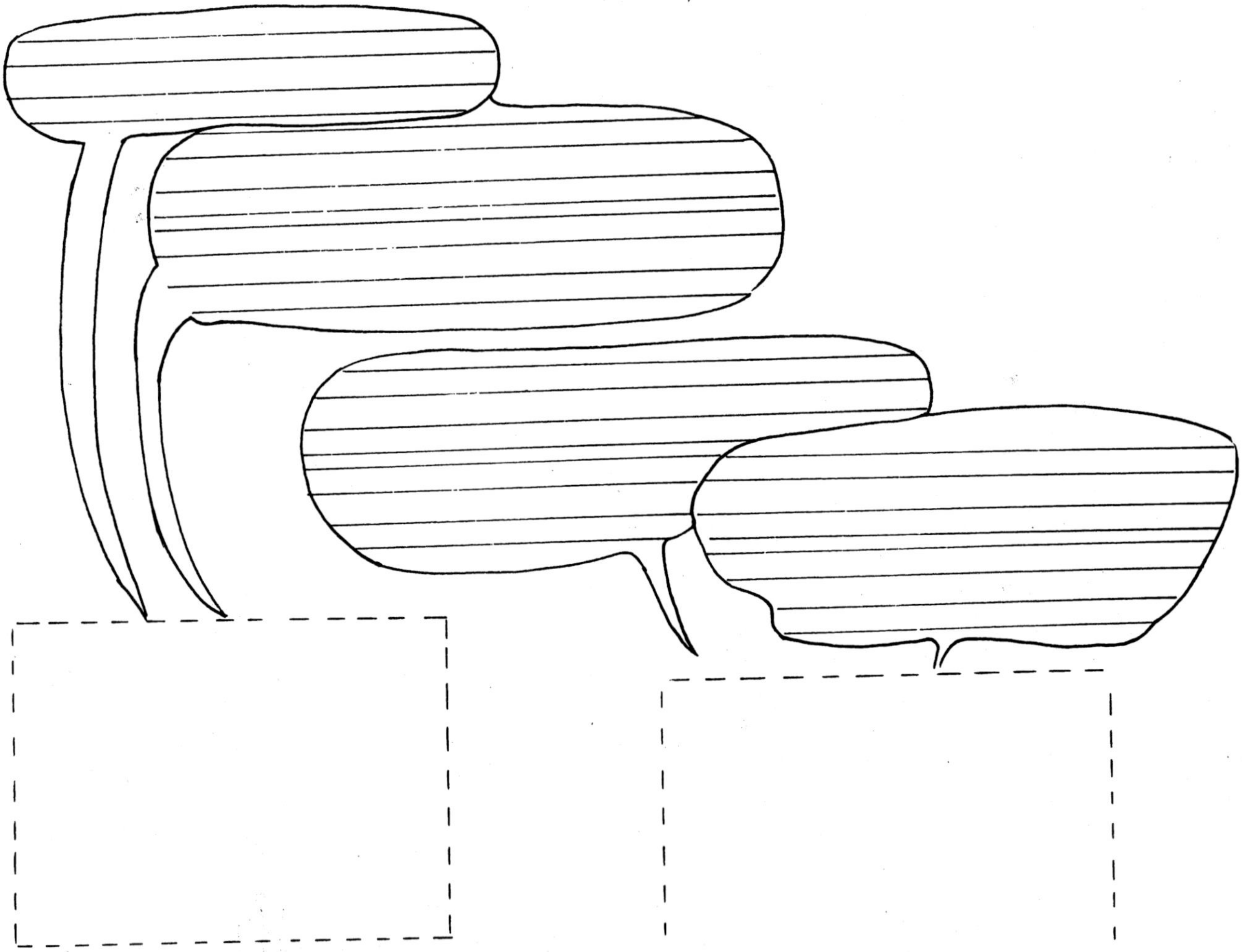

URSULA LASSERT

Neue Bildgeschichten zur Aufsatzerziehung

Jahrgangsstufen 1/2

Kopiervorlagen

Auer Verlag GmbH

Gedruckt auf umweltbewusst gefertigtem, chlorfrei gebleichtem
und alterungsbeständigem Papier.

4. Auflage. 2005

Zeichnungen: Ursula Lassert
Gesamtherstellung: Ludwig Auer GmbH, Donauwörth
ISBN 3-403-0**2087**-8

Inhalt

Bildgeschichten im Deutschunterricht 4

Klasse 1 8

Auf dem Spielplatz 8
Nicht aufgepasst 12
Lisa ist krank 16
Das selbst verdiente Eis 20
So ein Pech! 24
So eine Frechheit! 28
Die verlorene Schwimmente 32

Klasse 2 36

So eine Überraschung! 36
Gestolpert 40
Eine gute Idee 44
Eine Schneeballschlacht 48
Die Rache des Elefanten 52
O weh, wo ist Gerda? 56
Ein Überfall 60
Hilfe, ein Dieb! 64
Eine böse Überraschung 68
Enttäuscht 72
Vergebliche Mühe 76
Eine schwierige Entscheidung 80
Ein unglücklicher Zufall 84

Bildgeschichten im Deutschunterricht

Die Bildgeschichte ist ein sehr wichtiges und wertvolles Hilfsmittel im Deutschunterricht, denn sie ermöglicht einen beinahe „natürlichen Sprechanlass“, eine lebendige Sprechsituation und damit allen Schülern Stoff zum Erzählen; das ist vor allem für die Schüler wichtig, die wenig Gelegenheit zu eigenem Erleben haben. Sie bekommen so die Möglichkeit, sich spontan zu artikulieren, ausführlich zu erzählen, ihren Wortschatz zu erweitern.
Das gemeinsame „Erleben“ gleicht den Unterschied zwischen den Schülern ein wenig aus, ermöglicht eine gemeinsame Erlebnisbasis für den mündlichen und schriftlichen Sprachgebrauch und erleichtert dadurch dem Lehrer auch die Beurteilung der mündlichen oder schriftlichen sprachlichen Leistung.
Die Bildgeschichte fördert die Kreativität, da keine Sprache vorgegeben ist, wie z. B. bei der Nacherzählung. Die Schüler müssen das Geschehen in Sprache umsetzen, was nicht für jeden Schüler eine leichte Aufgabe ist. Gleichzeit bietet sie Grenzen und ist eine Stütze bei der sprachlichen Gestaltung. Für ältere Schüler ist die Bildgeschichte ein Anstoß zum Nachdenken, zur Diskussion, zum Finden und Erfinden ähnlicher Situationen. Dialoge und szenische Darstellungen lassen sich ebenfalls aus ihr ableiten. Sie bietet nicht nur die Grundlage zur Wortschatzerweiterung und Ausdruckserziehung, sondern gibt Einblick in den Aufbau einer guten Erzählung und ermöglicht das Herausarbeiten der Merkmale eines guten Aufsatzes. Je nach Thema und Gestaltung der Bildgeschichte ist sie Ausgang für eine Erzählung, Erlebniserzählung, Fantasieerzählung, einen Bericht, Dialog, ein Streitgespräch, einen Brief, eine Beschreibung von Menschen, Tieren oder Gegenständen.
So wichtig das Beschreiben der einzelnen Bilder auch ist, wichtiger ist das Erkennen des Zusammenhanges, des roten Fadens der Geschichte, des Geschehens zwischen den Bildern, und schließlich der Pointe.

Wie muss eine gute Bildgeschichte aussehen, um im Unterricht erfolgreich eingesetzt werden zu können?

Sie muss wirklichkeitsnah sein. Sie sollte aus der Welt der Kinder stammen. Durchschaubarkeit und Klarheit sind notwendig. Unwichtige Dinge, die vom eigentlichen Thema ablenken, sollten entfallen. So regt sie an, sich bei eigenen Erlebniserzählungen auf das wichtige Ereignis zu konzentrieren.

Wie setze ich Bildgeschichten im Unterricht erfolgreich ein?

Bei den jüngeren Schülern nehme ich kurze, einfache Bildgeschichten:
a) zu denen spontan erzählt wird,
b) anhand derer der Wortschatz erweitert wird, indem man Verben, Adjektive, Nomen suchen lässt,
c) die Anlass geben zu einfachen Spielen, Dialogen,
d) die zum Erzählen von ähnlich Erlebtem führen,
e) zu denen kurze Sätze (Unterschriften) gesammelt werden,
f) bei denen Sprech-/Denkblasen gefüllt werden,
g) die vorgegebenen Sätzen zugeordnet werden.

Bei älteren Schülern (ab Mitte der 2. Klasse) kann auf Folgendes geachtet werden:
a) freies Äußern,
b) gezieltes Beschreiben,
c) das Ende selbst finden lassen, einen Anfang suchen,
d) den Aufbau beachten,
e) Verschiedenartigkeit der Satzanfänge beachten,
f) Zeitformen berücksichtigen,
g) schriftliches Gestalten.

Wie können Bildgeschichten dargeboten werden?

a) in Einzelbildern,
b) als Ganzes in der richtigen Reihenfolge, als Ganzes in verkehrter Reihenfolge,
c) als Teil – das letzte, das erste oder eines der mittleren Bilder fehlen –, der Anreiz zu Vermutungen gibt.

Wie sollte die Niederschrift zu einer Bildgeschichte aussehen?

Mit der Zeit werden Lehrer und Schüler folgende Kriterien einer guten Bildergeschichte herausarbeiten, die dann auch eine Bewertungsgrundlage für den Lehrer bildet.

1. Sie muss eine treffende Überschrift haben, die die Neugierde weckt.
2. Sie muss in der richtigen Reihenfolge erzählt sein.
3. Sie muss in einer Zeitstufe, möglichst in der Vergangenheit, wenn es sich um eine Erzählung handelt, in der Gegenwart, wenn es sich um eine Beschreibung handelt, geschrieben werden.
4. Sie muss interessant und spannend erzählt sein,
   a) indem ich wörtliche Rede, Ausrufe und Fragen benutze,
   b) auf treffende Verben und Adjektive achte.
5. Sie muss ausführlich und vollständig sein, sollte aber Weitschweifigkeit und das Eingehen auf nebensächliche Dinge vermeiden.
6. Sie muss allmählich zur Pointe hinführen.
7. Wiederholungen bei den Satzanfängen sollten vermieden werden.
8. Den Figuren sollten Namen gegeben werden.

Das gemeinsame Besprechen möglichst vieler Schülerarbeiten hat sich als äußerst hilfreich erwiesen. Positive und negative Fixierungen werden herausgestellt, wobei das Hauptaugenmerk auf die Bedeutung folgender Punkte gelegt wird.

1. Hat die Geschichte eine gute Einleitung, die die Neugierde weckt und auf das eigentliche Geschehen hinführt?
2. Wird der Ablauf des Geschehens in der richtigen Reihenfolge erzählt?
3. Ist lebendig erzählt worden? Was macht die Geschichte so lebendig?
4. Ist etwas Wichtiges vergessen worden?
5. Kann man die Geschichte auch ohne Bilder verstehen?
6. Stimmt die Überschrift? Weckt sie die Neugierde?

Auf diese Art entwickelt sich bei den Schülern ein Gefühl für eine gute Niederschrift, gleichgültig, welcher Art sie sein mag (Erzählung, Bericht ...)

Mögliche Arbeitsvorschläge zur schriftlichen Fixierung:

1. Versetze dich in eine der Personen, in eins der Tiere, Sachen.
   Erzähle aus dieser Sicht; in der Ich-Form; schreibe an deine Mitschüler über das Erlebte einen Brief.
2. Du bist Reporter.
   Schreibe einen Zeitungsbericht.
3. Du bist ein Schriftsteller.
   Schreibe so, dass die Zuhörer lachen , traurig sind, sich gruseln.
   Erfinde einen eigenen Schluss!
   Erfinde ein Gespräch dazu!
4. Wähle ein Bild aus.
   Beschreibe es ausführlich!
   Erfinde dazu eine eigene Geschichte.
   Sammle dazu Ausrufe-/Fragesätze.

Wieso bildet eine Bildgeschichte auch eine Ausgangsbasis zu anderen Aufsatzformen?

Nicht nur durch Inhalt und Gestaltung einer Bildgeschichte ergibt sich die Hinführung zu den verschiedensten Aufsatzarten, sondern auch durch das unterschiedliche Anbieten der Bilder. Das Weglassen des ersten Bildes ermöglicht das Üben einer Einleitung, die ja für jeden Aufsatz wichtig ist.
Das Weglassen des wichtigsten Bildes weckt das Gespür für den Höhepunkt, für die Bedeutung des wichtigsten Augenblickes bei einem Erlebnis, das Gefühl für die allmähliche Steigerung der Spannung.
Das Weglassen des letzten Bildes erlaubt der Fantasie, mögliche und unmögliche Ausgänge selbst zu finden, stellt also erhöhte Ansprüche an die Fantasie des Kindes.
Werden Bildgeschichten mit leeren Sprechblasen angeboten, wird das Hineinversetzen in die Hauptfiguren erleichtert, zu Gesprächen angeregt, seien es Zwiegespräche oder Streitgespräche, und zu eigenen szenischen Darstellungen oder Pantomimen angeregt.

Allgemeine Arbeitsmöglichkeiten mit Bildgeschichten

I Einstieg

1. Kurzes Unterrichtsgespräch, das zum Inhalt der Bildgeschichte hinführt;
2. Vorstellen der Bildgeschichte als Ganzes oder Teilstück (s. o.) auf Tageslichtprojektor, als Tafelbilder, Bildtafeln, Arbeitsblätter.

II Erarbeitung

1. Beschreibung der einzelnen Bilder (mit sofortiger oder späterer schriftlicher Fixierung von Unterschriften oder Stichwörtern an der Tafel);
2. Erkennen des Zusammenhanges, Äußerungen von Vermutungen, Erfinden von Dialogen, Suchen einer mögl. Vorgeschichte, Erfinden eines Schlusses, Hineinversetzen in eine Figur, Erzählen aus der Sicht dieser Figur, Herausfinden des Höhepunktes;
3. Mündliche Gestaltungsversuche mit oder ohne Hilfe der Tafelanschriften, Erzählen aus verschiedenen Perspektiven, Gestalten von Dialogen;
   Verbesserungsvorschläge der Mitschüler müssen hier möglich sein.
4. Suchen der passenden Überschrift.

III Verarbeitung

1. Schriftliche Fixierung: Schüler dürfen Sätze abschreiben, aussuchen, zuordnen, Lückentext füllen, einen Text selbst gestalten;
2. Vorlesen, Besprechen von Schülerarbeiten unter Beachtung der oben genannten Kriterien;
3. Sammeln der schönsten Geschichten an der Pinnwand oder in einem Ordner, in dem auch Zeichnungen oder bunt gemalte Bildgeschichten der schwächeren Schüler gesammelt werden;
4. In den Folgestunden weitere Arbeit am Wort, am Satz, an Aufsatzformen.

Jede Unterrichtseinheit dieses Bandes besteht aus vier Seiten.

Seite 1: Bildgeschichte in großen Bilder in der richtigen Reihenfolge.

Seite 2: Unterrichtsvorschläge für Lehrer.

Seite 3: Ausschneidebogen für Schüler.

Hier ist die Bildgeschichte meistens in ungeordneter Reihenfolge. Das erspart dem Lehrer Zeit, wenn er die Bildgeschichte ungeordnet anbieten will. Wichtiger aber ist die Tatsache, dass die Schüler dadurch noch einmal zu einer gedanklichen Auseinandersetzung mit dem Inhalt geführt werden. Konzentrations- und Kombinationsfähigkeit werden erneut aktiviert und Schüler so zur Weiterarbeit motiviert. Auf dieser Seite befinden sich die Wörter, die in die Lückentexte gesetzt werden, Sätze, die ausgeschnitten oder geordnet werden sollen, Sprechblasen, die ausgeschnitten bzw. abgeschrieben werden sollen.

Seite 4: Arbeitsblatt für Schüler.
Hier werden die ausgeschnittenen Bildchen aufgeklebt, Lücken gefüllt, Sätze aufgeklebt oder aufgeschrieben, Texte entworfen.

Arbeitsmaterial: Schere, Klebstoff, Buntstifte, Füller.

1./2. Schuljahr

Im ersten und im zweiten Schuljahr überwiegt das mündliche Gestalten. Erlebtes wird erzählt oder berichtet, Geschehenes beschrieben. Wichtig ist, dass sinnvolle, themenbezogene Fragen und Antworten geübt werden.
Für die Niederschrift muss den Schülern Hilfe gegeben werden, Wort- und Sachmaterial muss zur Verfügung gestellt werden, da sie den Grundwortschatz noch nicht vollständig beherrschen. Da der Unterschied zwischen den einzelnen Schülern sehr groß sein kann, sollte bei den schriftlichen Aufgaben meistens differenziert werden. Nur so kann vermieden werden, dass die einen über-, die anderen unterfordert werden.
Im ersten Schuljahr wird der schriftliche Text kaum mehr als ein bis drei Sätze, z. B. Bildunterschriften, umfassen. Im zweiten Schuljahr werden die Texte allmählich umfangreicher und sie werden auch interessanter gestaltet werden.
Eine Form, die auf ansprechende und motivierende Weise von der mündlichen zur schriftlichen Gestaltung führt, ist das Ausfüllen von Sprechblasen. Text und Bild werden so einander zugeordnet. Das ist nicht für jedes Kind eine leichte Aufgabe.
Im ersten Schuljahr werden die Sätze über-

nommen – durch Abschreiben oder Ausschneiden/Aufkleben. Gegen Ende des ersten und zu Beginn des zweiten Schuljahres werden sie gemeinsam erarbeitet. Erst gegen Ende des zweiten Schuljahres können sie anhand von Stichwörtern selbst gebildet werden.

Die meisten vorliegenden Bildgeschichten können sowohl im ersten als auch im zweiten Schuljahr eingesetzt werden. Zeitpunkt und Umfang der Arbeit mit den Bildgeschichten hängt vom Leistungs- und Entwicklungsstand der Kinder ab, muss also letztendlich vom Lehrer selbst bestimmt werden. Die vorliegenden Entwürfe sind nur als Vorschläge bzw. Anregungen gedacht, aus denen der Lehrer das für die jeweilige Klasse Adäquate herausnehmen sollte.

Die vorliegenden Unterrichtsvorschläge umfassen ca. 2 bis 4 Stunden.

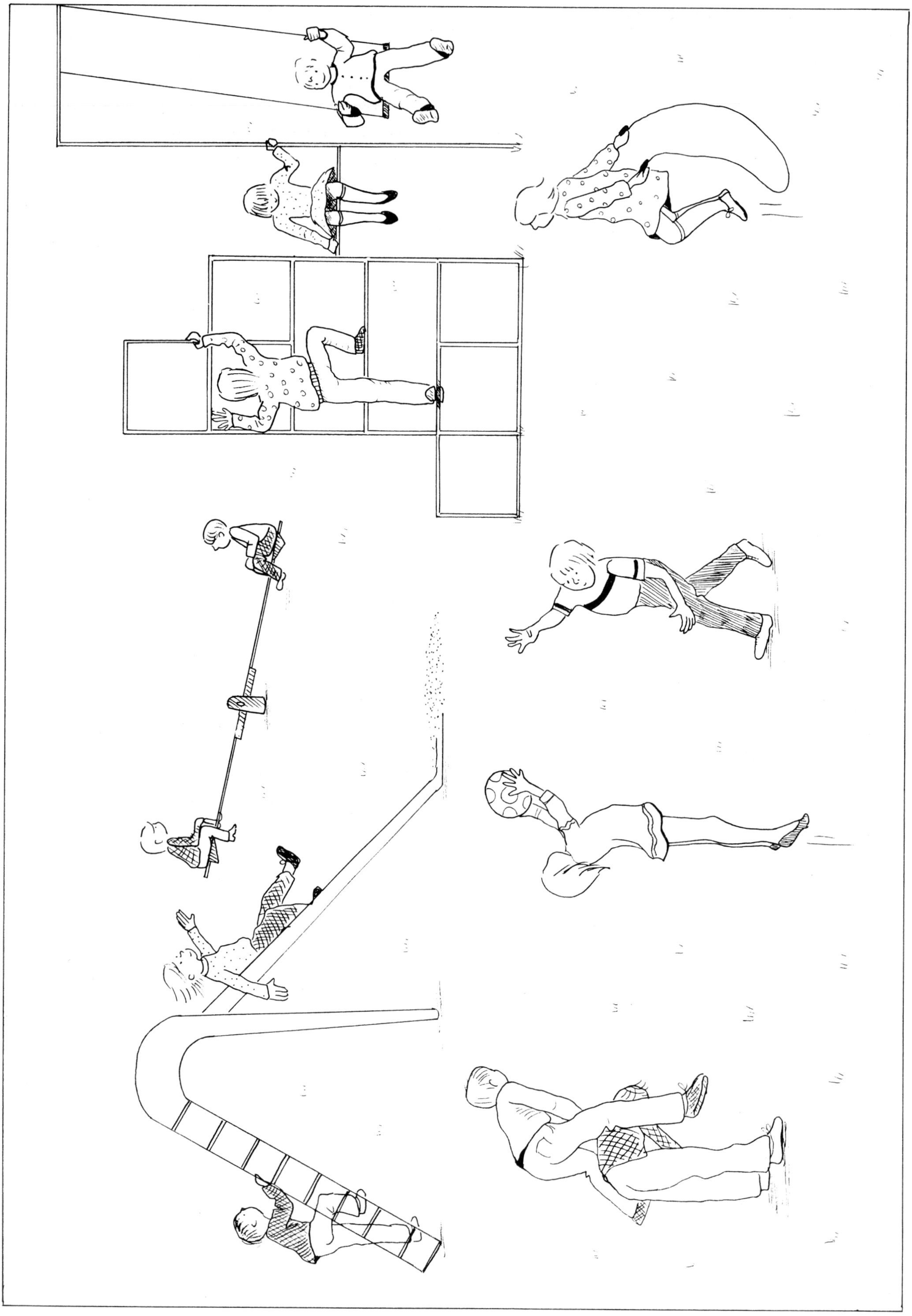

Auf dem Spielplatz

Aufgabe

Mehrere Sätze zu einem Bild suchen

Bildgeschichte

THEMA

Auf dem Spielplatz

Lernziele

1. Umsetzen des Gesehenen in Sprache, Aneinanderreihen kleiner Sätze
2. Vermeiden sich wiederholender Satzanfänge mit „Dann ..."
3. Treffende Verben benutzen

Unterrichtsverlauf

EINSTIEG

L: Gestern war ich mit meiner Tochter auf dem Spielplatz.
Spontanäußerungen der Schüler.

ERARBEITUNG

1. Teilziel

L zeigt das Bild.
S äußern sich spontan.
L lässt so viel wie möglich zu dem Bild sagen (Wie könnte man es schöner, genauer ... ausdrücken?).

2. Teilziel:

Kurze Sätze oder nur treffende Verben an der Tafel sammeln, je nach Leistungsstand der Klasse 3–6 Sätze

3. Teilziel:

L: Die Sätze sind so langweilig.
Es soll herausgearbeitet werden, dass Namen die Sätze lebendiger machen, dass durch Umstellen der Sätze eine kleine Geschichte entstehen kann.

VERARBEITUNG

Sätze von der Tafel abschreiben, auf dem Ausschneidebogen die Satzteile miteinander verbinden; 3–5 dieser Sätze abschreiben.

Weitere Arbeitsvorschläge

SPRACHLICHE GESTALTUNG

Einzelne S erzählen eine kleine Geschichte zum Bild.
Ähnliches Bild auf diese Art erarbeiten.

SATZBAU

Fragen/Antworten: Wo ist Peter? Er ist auf der Schaukel, im Zimmer, unter ...
Was macht Meike? Sie klettert. Sie spielt ...
Spiel: Ein Gegenstand wird versteckt. Kinder müssen durch Fragen herausfinden, wo er ist.
Bsp: Wo ist mein ...? Ist er im Schrank? Ist er unter dem Tisch?

WORTSCHATZ

Substantive: Spiel- und Turngeräte suchen

Verben: Tätigkeiten auf dem Spielplatz sammeln (laufen, bauen, zanken ...)

Adjektive: Wie sind die Kinder auf dem Spielplatz? jung, klein, freundlich, zänkisch ...

Ein Mädchen	springt über den Freund.
Ein Junge	wippen.
Ein Junge	spielt mit einem Seil.
Zwei Kinder	schaukelt.
Ein Mädchen	spielen mit einem Ball.
Zwei Kinder	klettert.
Ein Junge	rutscht.

Nicht aufgepasst

Aufgabe

Bildfolge ordnen und zu jedem Bild eine Unterschrift suchen

Bildgeschichte

THEMA

Nicht aufgepasst

INHALT

1. Lisa fährt mit dem Dreirad durch den Garten.
2. Lisa hat einen großen Ast an das Dreirad gebunden. Während sie nach hinten schaut, fährt sie weiter.
3. Sie fährt gegen die Wäsche und reißt sie herunter.

DARBIETUNGSVORSCHLAG

Bildgeschichte in falscher Reihenfolge anbieten

Lernziele

1. Erkennen, dass Bilder in verkehrter Reihenfolge sind
2. Sprachliche Umsetzung der Bilder
3. Jedem Bild einen adäquaten Satz zuordnen

Unterrichtsverlauf

EINSTIEG

L bringt ein Körbchen oder Säckchen voll Wäscheklammern mit und schüttelt es.

S erraten den Inhalt, erzählen Erlebnisse mit Wäsche.

L: Wir wollen uns eine Bildgeschichte ansehen, die auch mit Wäsche zu tun hat.

ERARBEITUNG

1. Teilziel:
L zeigt die Bilder in falscher Reihenfolge.
S ordnen und begründen. Ausführliches Beschreiben einzelner Bildsituationen

2. Teilziel:
Überlegen, was zwischen dem 1. und 2. Bild geschieht. S suchen zu jedem Bild 1–2 Sätze. Die besten werden an die Tafel geschrieben.

3. Teilziel:
Überschrift suchen

VERARBEITUNG

S schneiden Sätze aus und kleben sie auf die entsprechenden Stellen oder sie schreiben die Sätze ab.

Weitere Arbeitsvorschläge

SPRACHLICHE GESTALTUNG

S sollen sich in Lisa hineinversetzen und Erzählung in der Ich-Form formulieren;
eine ähnliche Geschichte ausdenken.

SATZBAU

Ausrufe: Oh je, wie konnte das geschehen! Au, das tut weh! …

Fragen: Warum ist das geschehen?
Wieso hast du nicht aufgepasst?
Zum Thema „Wäsche“: Wie wird … gewaschen? Was braucht man dazu? Was geschieht mit der Wäsche nach dem Waschen?

WORTSCHATZ

Substantive: Wäschesorten: Buntwäsche, Kochwäsche …
Verschiedene Kleidungsstücke, diese einsortieren, 30 Grad …

Verben: einweichen, waschen, bügeln, stärken …
gewaschen, gebügelt

Adjektive: weich, flauschig, kratzig, frisch …

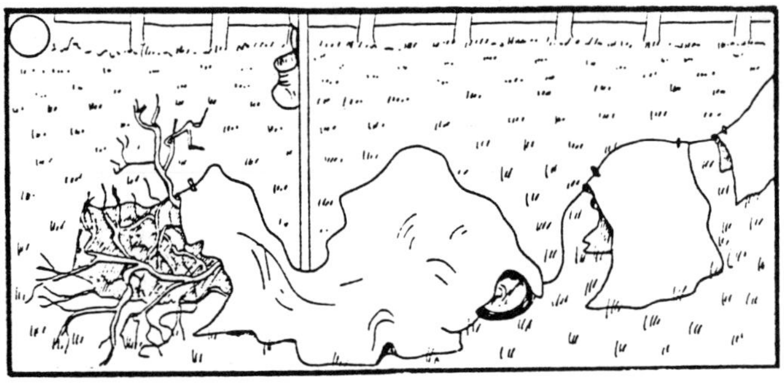

Hoppla, da fährt sie gegen die Wäsche und reißt sie herunter.

Sie hat einen großen Ast an das Dreirad gebunden. Stolz zieht Lisa ihn hinter sich her.

Nicht aufgepasst

Lisa fährt mit dem Dreirad durch den Garten.

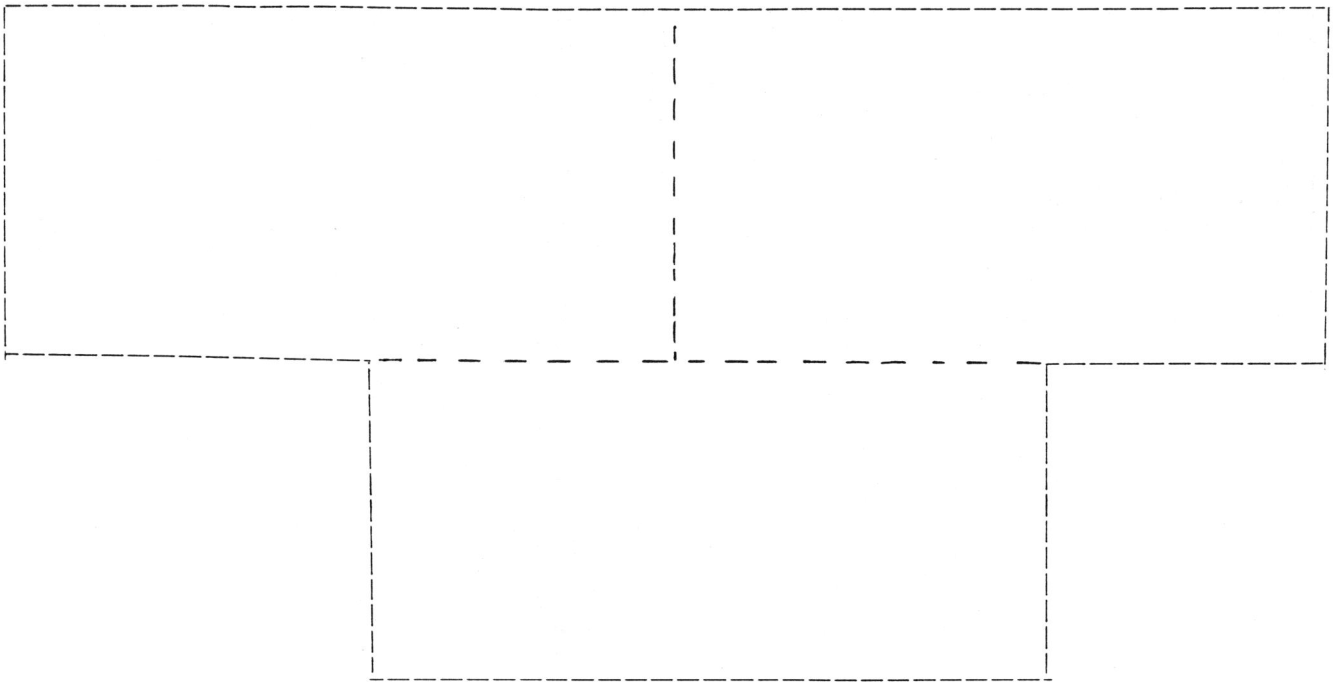

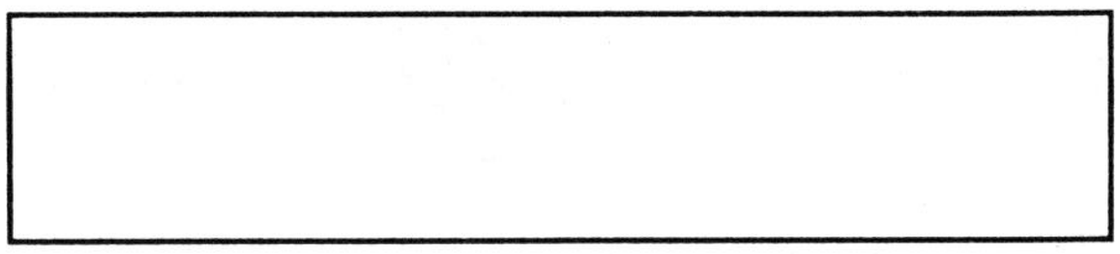

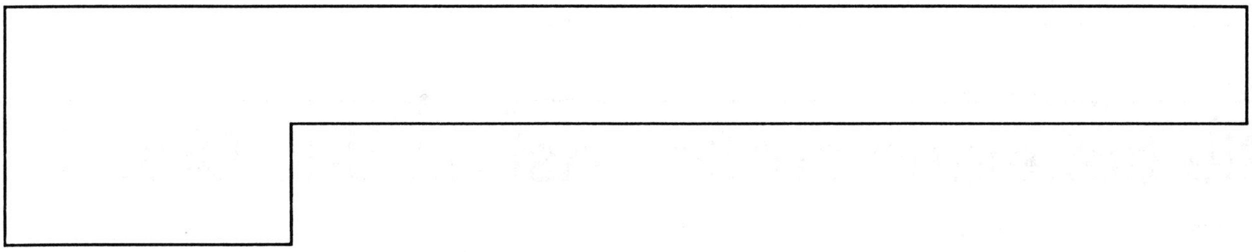

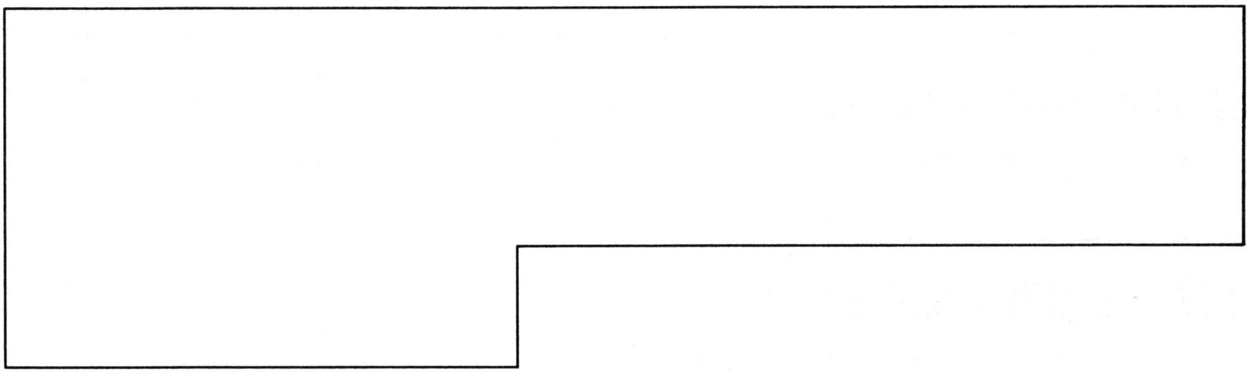

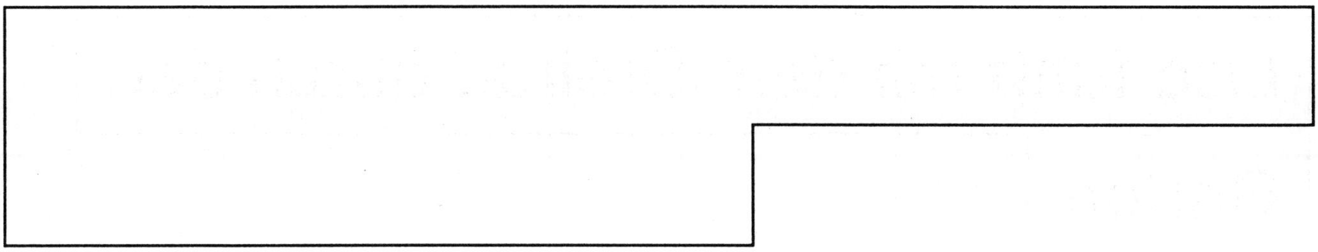

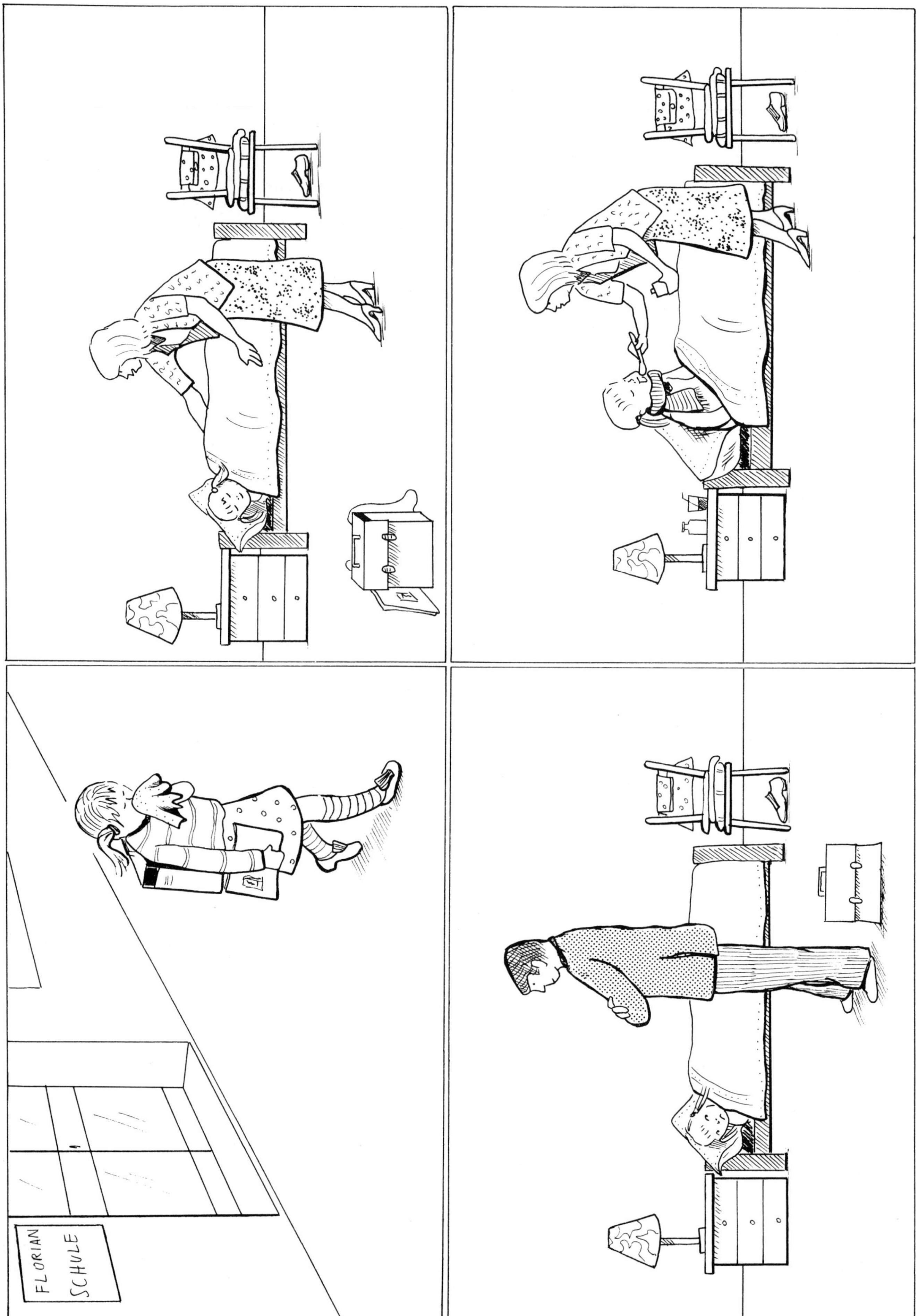
FLORIAN SCHULE

Lisa ist krank

Aufgabe

In der Bildgeschichte sollen Sprech- und Denkblasen ausgefüllt werden.

Bildgeschichte

THEMA

Lisa ist krank

INHALT

1. Lisa verlässt die Schule. Sie ist erkältet.
2. Das Mädchen liegt im Bett. Die Mutter deckt ihre Tochter zu.
3. Der Arzt ist bei Lisa.
4. Lisa schluckt Medizin.

DARBIETUNGSVORSCHLAG

Bildgeschichte in der richtigen Reihenfolge zeigen

Lernziele

1. Eine Bildgeschichte soll lebendig werden durch Gedanken und Aussagen, die in die Sprechblasen geschrieben werden.
2. Sinnvolle Gespräche sollen erarbeitet werden.
3. Das Wortfeld „Krankheit" soll erweitert werden.

Unterrichtsverlauf

EINSTIEG

Erstes Bild als Sprechanlass zeigen; S äußern Vermutungen, warum das Mädchen nach Hause geht.

ERARBEITUNG

1. Teilziel
L zeigt das 2. Bild.
S beschreiben, suchen passende Wörter, erzählen von eigenen Krankheiten; Aufzählen von Krankheiten;
Vermutungen, was nun geschehen wird.

2. Teilziel:
L zeigt Bild 3 und 4. Schüler beschreiben sie und erarbeiten das Gespräch zwischen Arzt und Mädchen.

3. Teilziel:
S spielen die ganze Bildgeschichte. Gemeinsam wird darauf geachtet, dass die Fragen situationsadäquat sind, dass sie sich aufeinander beziehen und sprachlich richtig sind. Evtl. können gute Sätze an der Tafel gesammelt werden.

VERARBEITUNG

S schneiden Sprechblasen auf den Arbeitsbögen aus oder schreiben sie ab.

Weitere Arbeitsvorschläge

SPRACHLICHE GESTALTUNG

Die Geschichte aus der Sicht des Kindes erzählen bzw. schreiben
Eine eigene Geschichte schreiben

SATZBAU

Befehle: Hol das Buch! Nimm die Medizin! …

Bitten: Bring mir bitte einen Apfel! Hilf mir bitte beim Essen, Anziehen …!

Fragen: Darf ich aufstehen, spielen …?

Gespräch zwischen Arzt und Patient: Hast du Husten? Tut dir der Hals weh? Mir ist so heiß.

WORTSCHATZ

Substantive: Grippe, Fieber, Tabletten …

Verben: bluten, verletzen, brechen …

Adjektive: krank, blass, schwach, fiebrig, matt …

Schlaf gut,
mein Kind.

Oh, ist mir kalt.

Jst es schlimm?

Nein, ich verschreibe
dir eine gute Medizin.

Brr, wie schrecklich
bitter!

Aber sie wird dir
bald helfen.

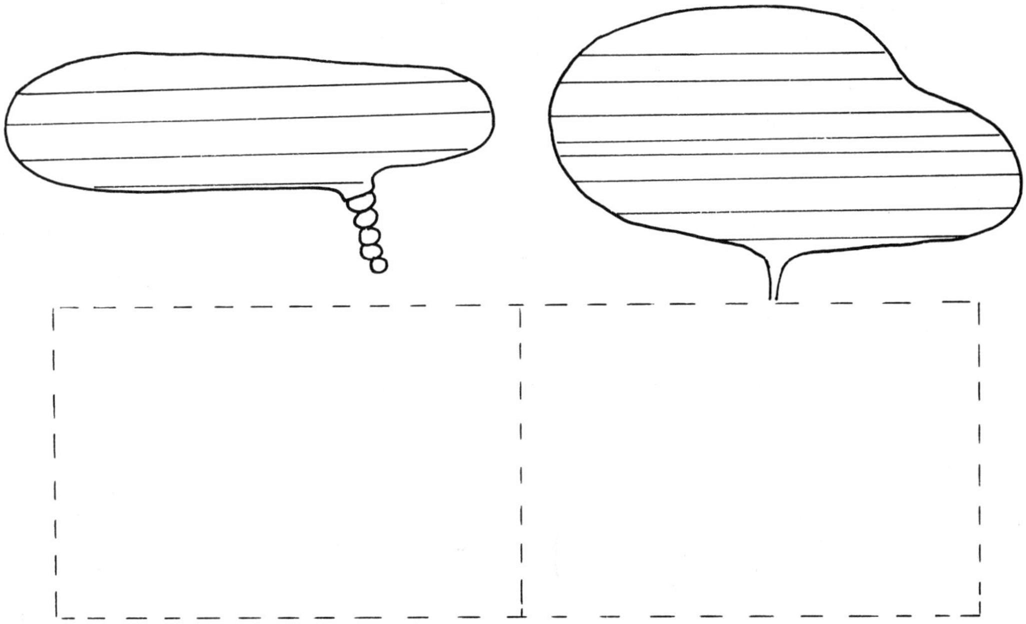

Wiesen-
blumen
1,50€
2,00€
BÄCKER
EIS

Das selbst verdiente Eis

Aufgabe

Eine Bildgeschichte in Sprache umsetzen

Bildgeschichte

THEMA

Das selbst verdiente Eis

INHALT

1. Zwei Kinder pflücken Wiesenblumen.
2. Sie verkaufen sie am Straßenrand.
3. Von dem verdienten Geld wollen sie sich etwas Schönes kaufen.
4. Sie besuchen ein Eiscafé und genießen jeder einen Eisbecher.

DARBIETUNGSVORSCHLAG

Bildgeschichte in der richtigen Reihenfolge zeigen

Lernziele

1. Ein Erlebnis folgerichtig und sachlich richtig mitteilen
2. Sätze und Bilder einander zuordnen

Unterrichtsverlauf

EINSTIEG

L bringt einen Strauß Wiesenblumen mit.
S äußern sich spontan dazu, raten, wo sie herstammen könnten.
L: Ihr werdet gleich in einer Bildgeschichte sehen, wie ich zu meinen Blumen gekommen bin.

ERARBEITUNG

1. Teilziel: Sprachliches Formulieren des ersten Bildes, evtl. Satz oder Stichwörter an Tafel schreiben

2. Teilziel: Ausführliches Beschreiben des 2. Bildes, passenden Satz dazu suchen, Vermutungen über das weitere Geschehen äußern; die Bildgeschichte mit selbst ausgedachter Fortsetzung spielen

3. Teilziel: Beschreiben von Bild 3 und 4, Unterschriften formulieren

4. Teilziel: Überschriften suchen, die besten an der Tafel festhalten

VERARBEITUNG

Die Sätze auf dem Ausschneidebogen in der richtigen Reihenfolge nummerieren und abschreiben

Weitere Arbeitsvorschläge

SPRACHLICHE GESTALTUNG

Erlebnis in der Ich-Form bzw. in der Wir-Form erzählen (Gestern...)

SATZBAU

Gespräch zwischen Käufer und Blumenverkäufer erfinden
Kurze Einkaufszenen vorspielen
Guten Tag, haben Sie...? Ich hätte gern... Kann ich bitte... haben? Darf es sonst noch etwas sein?

WORTSCHATZ

Zusammengesetzte Substantive: Eisbecher, -café, -hörnchen, -kugel, -bär, -berg, -meer, -blumen
Blumenvase, -wiese, -teppich, -kasten, -strauß
Wiesenblume, Sonnen-, Feld-, Eis-, Garten-

Verben: Was tun Blumen? wachsen, duften, verwelken...
Was macht man mit Eis? essen, schlecken...
Wortfeld essen

Adjektive: Wie sind Blumen? frisch, verwelkt, langstielig. ...
Wie ist Eis? kalt, süß, erfrischend...

Lösung auf Ausschneidebogen 3, 1, 2, 4

Selbst verdient

○ Die beiden wollen sich nun etwas kaufen.

○ Zwei Kinder pflücken Blumen auf einer Wiese.

○ Am Straßenrand verkaufen sie die Blumensträuße.

○ Von dem verdienten Geld kaufen sie sich zwei Eisbecher.

So ein Pech!

Aufgabe

Ein Erlebnis aus verschiedenen Perspektiven erzählen

Bildgeschichte

THEMA

So ein Pech!

INHALT

1. Lena ist in der Bücherei. Sie sucht ein Buch.
2. Sie findet ein schönes Buch.
3. Sie kniet neben einem Bücherstapel auf dem Boden und liest.
4. Als ein Junge ein Buch aus dem Stapel zieht, stürzt dieser ein. Viele Bücher fallen auf Lena.

DARBIETUNGSVORSCHLAG

Bildgeschichte in der richtigen Reihenfolge anbieten

Lernziele

1. Die Bildgeschichte ausführlich, aber sachlich richtig und ansprechend erzählen
2. Auf treffende Ausdrücke achten
3. Die Geschichte spielen
4. Geschichte in der Ich-Form erzählen

Unterrichtsverlauf

EINSTIEG

L: Viele von euch waren sicher schon einmal in einer Bücherei.
S äußern sich, erzählen von Erlebnissen in der Bücherei.
L: Heute habe ich euch eine Bildgeschichte mitgebracht, die in einer Bücherei spielt.

ERARBEITUNG

1. Teilziel: Betrachten und Beschreiben des 1. Bildes, das Wesentliche in 1–2 Sätzen sagen; den Kindern Namen geben;

2. Teilziel: Betrachten des 2. Bildes, mit dem ersten vergleichen; 1–2 eindeutige Sätze dazu finden;

3. Teilziel: Beschreiben des 3. Bildes, überlegen, was wohl geschehen wird; treffenden Satz suchen;

4. Teilziel: Beschreiben des 4. Bildes. Was denkt Lena, was der Junge? Kernsatz suchen.

5. Teilziel: Überschrift suchen, die neugierig macht;

6. Teilziel: Vier Kinder spielen die Geschichte;

7. Teilziel: Geschichte aus Lenas Sicht erzählen.

VERARBEITUNG

Lückentext füllen

Weitere Arbeitsvorschläge

SPRACHLICHE GESTALTUNG

1. Geschichte aus der Sicht des Jungen erzählen.
2. Ein eigenes Erlebnis in der Bücherei interessant erzählen.
3. Bücherei und Buchgeschäft miteinander vergleichen (evtl. beides mit der Schulklasse besuchen).

SATZBAU

Entschuldigung, wo kann ich... finden?
Haben Sie...? Entschuldigung, darf ich Sie stören?
Könnten Sie mir bitte helfen?

WORTSCHATZ

Substantive: Gegenstände, die in einer Bücherei sind

Verben: Was macht man in einer Bücherei? Lesen, spielen...

Adjektive: Wie ist eine Bücherei? groß, klein...
Wie ist ein Buch? spannend, interessant...

Buch Bücherei viele

erschreckt Bücherstapel

So ein Pech!

Gestern war ich in der ______.

Bald hatte ich ein lustiges ______ gefunden.

Jch setzte mich damit vor einem hohen ______ auf den Boden.

Plötzlich fielen ______ Bücher auf mich.

Oh, wie habe ich mich ______!

So eine Frechheit!

Aufgabe

Wir schreiben einen Brief.

Bildgeschichte

THEMA
So eine Frechheit!

INHALT

1. Pit und Gisela gehen zum Strand.
2. Dort spielen sie mit einem kleinen Strandball.
3. Plötzlich nähert sich eine Möwe dem Ball.
4. Sie schnappt ihn und fliegt mit ihm davon.

DARBIETUNGSVORSCHLAG

Bildgeschichte in der richtigen Reihenfolge anbieten

Lernziele

1. Einen kurzen ansprechenden Brief schreiben
2. Den Adressaten im Brief ansprechen

Unterrichtsverlauf

EINSTIEG

Umrisse einer Möwe an die Tafel zeichnen oder ein entsprechendes Bild zeigen
S versuchen das Tier zu erraten, sprechen über Möwen.
L: Wir wollen uns eine Bildgeschichte ansehen, in der dieser Vogel erscheint.

ERARBEITUNG

1. Teilziel: L zeigt Bild 1. Spontanäußerungen, Beschreiben des Bildes; Unterschrift suchen.

2. Teilziel: Erarbeitung des Bildinhaltes; Unterschrift suchen

3. Teilziel: Versprachlichen des 3. Bildes; Antizipieren des weiteren Geschehens; Unterschrift

4. Teilziel: Beschreiben des Bildes, überlegen, was zwischen dem 3. und dem 4. Bild geschehen ist; Unterschrift

5. Teilziel: Überschrift suchen; S sollen die Geschichte aus der Sicht eines der Kinder erzählen. Mitschüler achten darauf, dass nichts Wesentliches vergessen, aber auch nichts Überflüssiges hinzugefügt wird.

VERARBEITUNG

1. Anhören und Vergleichen mehrerer mündlicher Erzählungen
2. Lückentext füllen
3. Schüler schreiben evtl. selbst einen Brief

Weitere Arbeitsvorschläge

SPRACHLICHE GESTALTUNG

Gemeinsam einen Brief an einen kranken Mitschüler schreiben

SATZBAU

Was machst du am liebsten in den Ferien?
Wohin fährst du am liebsten?
Ich möchte gerne ...

WORTSCHATZ

Substantive: Welche Gegenstände sammelt man am Meer und welche in den Bergen?
Ferienbeschäftigungen

Verben: Was hast du in den letzten Ferien gemacht? Ich bin gewandert, geritten ...
Ich habe geschlafen, gemalt ...

Adjektive: Wie ist das Wetter gewesen?
Wie ist das Hotel, die Ferienwohnung, das Dorf ... gewesen?

wir Liebe und Ball habe

schnappte flog du

davon Grüße

____ Oma!

Stell dir vor, was ____ gestern erlebt haben!

Pit ____ ich ____ mit dem kleinen schwarzen ____ gespielt.

Plötzlich ____ eine Möwe herbei, ____ den Ball und flog mit ihm ____. Wie findest ____ das?

Viele liebe ____

deine Gisela

Die verlorene Schwimmente

Aufgabe

Sprachlich und formal gute Darstellung eines Erlebnisses, ein fehlendes Bild ergänzen

Bildgeschichte

THEMA

Die verlorene Schwimmente

INHALT

1. Peter bläst die Schwimmente auf.
2. Er spielt mit der Ente im Wasser.
3. Er genießt das Spielen mit der Ente.
4. Die Ente schwimmt davon. Der Junge möchte sie holen.
5. Die Ente ist unerreichbar. Der Junge weint.

DARBIETUNGSVORSCHLAG

Bildgeschichte in der richtigen Reihenfolge ohne Schlussbild zeigen

Lernziele

1. Den Ausgang einer Geschichte antizipieren
2. Die Geschichte lebendig erzählen
3. Eine Parallelgeschichte erfinden

Unterrichtsverlauf

EINSTIEG

L liest eine Verlustanzeige aus der Zeitung vor. Spontane Schüleräußerungen, ungelenktes Erzählen eigener Erlebnisse.

L: Auch in der Bildgeschichte, die ich euch jetzt zeigen werde, verliert ein Junge etwas.

ERARBEITUNG

1. Teilziel: L zeigt das 1. Bild, Beschreiben, Unterschrift an der Tafel festhalten

2. Teilziel: 2. und 3. Bild beschreiben, treffende Verben suchen; zu jedem Bild eine Unterschrift suchen

3. Teilziel: Eingehen auf die Dramatik des 4. Bildes, bei der Beschreibung auf Gefühle und Ängste des Jungen achten; Vermutungen, wie die Geschichte weitergehen wird

4. Teilziel: Bild 5 zeigen und beschreiben, den Höhepunkt der Geschichte suchen; Tafelanschrift ergänzen

5. Teilziel: Antizipieren des letzten Bildes, mündliches Erzählen der Bildgeschichte bis hierhin unter Mithilfe der Mitschüler (Er hat schön, lebendig ... erzählt)

6. Teilziel: Überschriften suchen, die auch von dem letzten Bild abhängig sind.

VERARBEITUNG

Lückentext füllen; Schlusssatz suchen; 6. Bild malen

Weitere Arbeitsvorschläge

SPRACHLICHE GESTALTUNG

Die Geschichte aus der Sicht des Jungen erzählen; eine eigene Geschichte erzählen; das Lieblingsspielzeug beschreiben: Form, Farbe, Material, Größe ...

SATZBAU

Was machst du gern? Ich lese gern. Was machst du am liebsten? Ich singe am liebsten. Komm, lass uns schwimmen gehen!

WORTSCHATZ

Substantive: Was finde ich am Meer? Muscheln, Sand ...

Verben: Was macht man am Meer? sonnen, spielen ...

Adjektive: Wie ist es am Meer? sonnig, windig ... Wie ist das Wasser? kalt, frisch ...

Schwimmente Meer blies er

drückte Wasser davon

kniete nicht

Die verlorene Schwimmente

Peter verbrachte den Sonntag am ______.

Er ______ seine ______ auf.

Dann spielte ______ mit ihr im ______.

Lachend ______ er sie an sich.

Oh weh, plötzlich schwamm sie ______.

Er konnte sie ______ mehr erreichen.

Weinend ______ Peter am Strand.

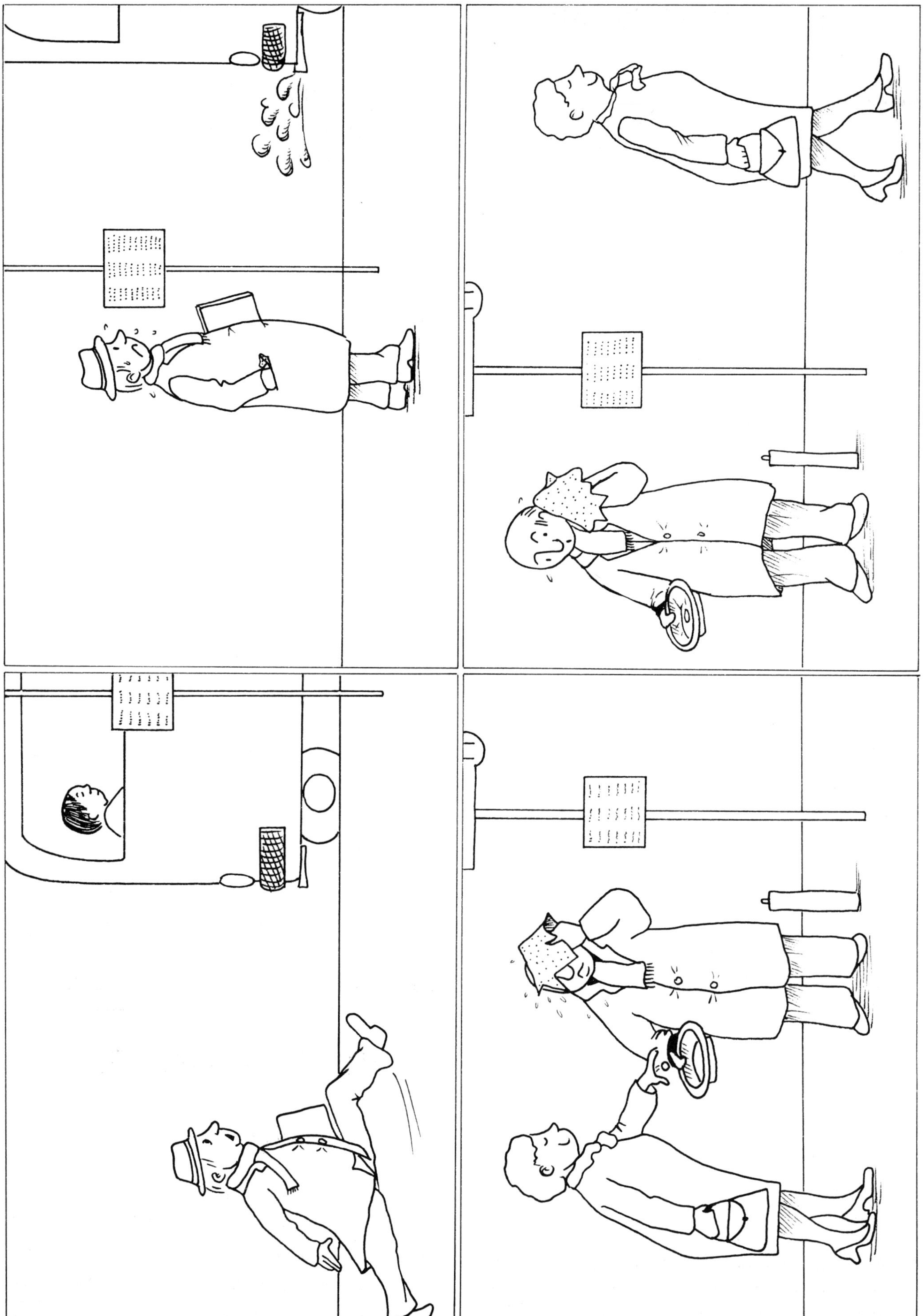

So eine Überraschung!

Aufgabe

Eine Bildgeschichte durch Sprechblasen verdeutlichen

Bildgeschichte

THEMA

So eine Überraschung!

INHALT

1. Ein älterer Herr läuft schnell, um den Bus noch zu erreichen.
2. Enttäuscht sieht er den Bus davonfahren.
3. Erschöpft nimmt er den Hut ab und wischt sich den Schweiß vom Kopf. Eine Frau hält ihn für einen Bettler und gibt ihm Geld.
4. Erstaunt erblickt der Mann das Geldstück in seinem Hut, während die Frau zufrieden weitergeht.

DARBIETUNGSVORSCHLAG

Bildgeschichte in falscher Reihenfolge anbieten

Lernziele

1. Bilder ordnen; erkennen, dass die richtige Aneinanderreihung von Fakten für das Verständnis einer Erzählung nötig ist
2. Bildinhalte erschließen
3. Sich in Personen hineinversetzen; ihre Gedanken in Sprache umsetzen

Unterrichtsverlauf

EINSTIEG

L: Es ist mir schon zweimal passiert, dass ich den Bus verpasst habe.
S äußern sich und erzählen ungelenkt eigene Erlebnisse mit Bussen.
L: Wir wollen einmal sehen, wie es dem Herrn Morys eines Tages erging, oder L teilt Bildgeschichten aus, die Schüler in Partner- oder Gruppenarbeit ordnen.

ERARBEITUNG

1. Teilziel: Vorstellen der geordneten Bildgeschichte. Gruppensprecher begründen die von ihrer Gruppe aufgestellte Ordnung der Bilder.

2. Teilziel: Betrachten des 1. Bildes; Versprachlichung des Bildinhaltes, Erstellen einer Bildunterschrift

3. Teilziel: Erschließung des 2. Bildes. Gedanken des Mannes äußern, Bildunterschrift suchen

4. Teilziel: Das 3. Bild inhaltlich erschließen: Gedanken der Personen verdeutlichen, Bildunterschrift suchen

5. Teilziel: Beschreiben des 4. Bildes, auf Gefühle und Gedanken der beiden Personen eingehen; Bildunterschrift suchen

6. Teilziel: Überschrift suchen

7. Teilziel: Szenisches Darstellen der Bilder

VERARBEITUNG

S schneiden Sprechblasen aus,
S schreiben Sprechblasen ab,
S schreiben an der Tafel gesammelte Äußerungen ab.

Weitere Arbeitsvorschläge

SPRACHLICHE GESTALTUNG

Mithilfe der Bildunterschriften wird eine lustige anschauliche Erzählung gestaltet, in der häufig die wörtliche Rede gebraucht wird.

SATZBAU

Äußerungen wie: Hoffentlich schaffe ich das! Hoffentlich komme ich nicht zu spät! Ich hoffe, dass … Ich denke, dass …

ZUM WORTSCHATZ

Substantive: Fahrzeuge: Straßenbahnen, Bus …

Verben: Wortfeld „fahren“

Adjektive: Wir vergleichen: Der Bus ist größer als ein Taxi. Der Zug ist länger als ein Bus. Das Auto ist …

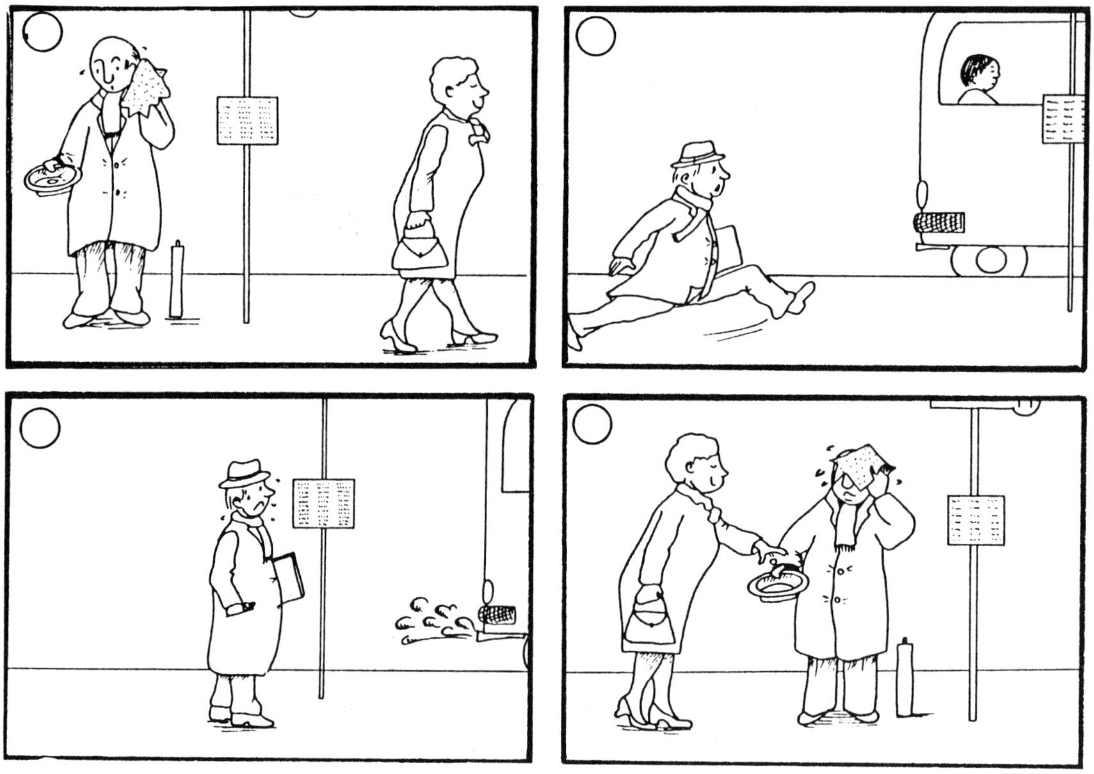

Nanu, ein Geldstück!
Wo kommt denn
das her?

Oje, oje, ob ich den Bus
noch rechtzeitig erreiche?

Ach, der arme Mann.
Wahrscheinlich hat er gar
kein Geld.

Schade, da ist er
abgefahren.

Puh, ist mir heiß.

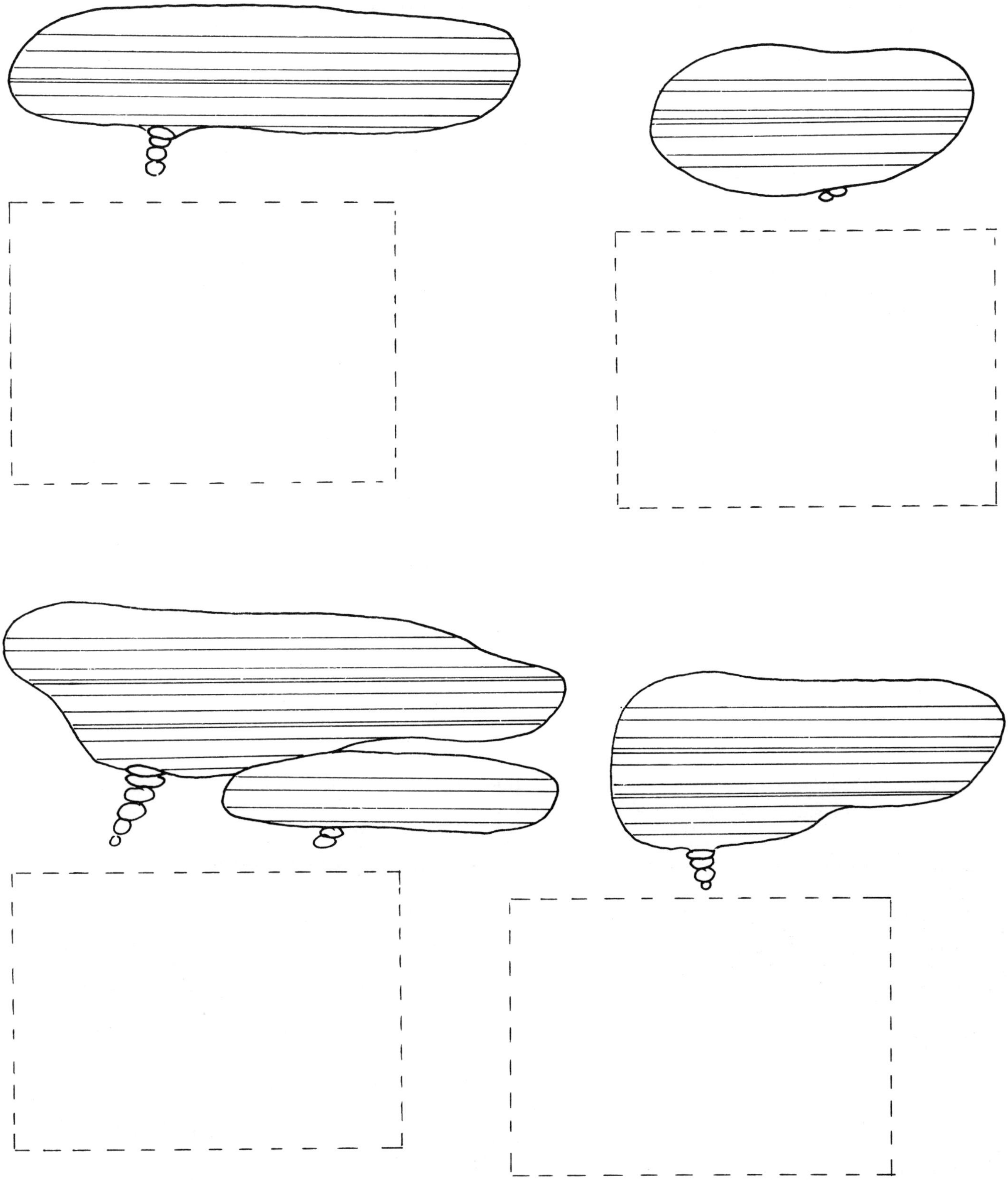

Gestolpert

Aufgabe

Eine Geschichte anschaulich erzählen

Bildgeschichte

THEMA

Gestolpert

INHALT

1. Deniz und Michael spielen Tennis, während ein Eichhörnchen über den Platz läuft.
2. Das Eichhörnchen gerät unter Deniz' Füße.
3. Der Junge stolpert und stürzt über das Netz.

DARBIETUNGSVORSCHLAG

Bildgeschichte in falscher Reihenfolge zeigen

Lernziele

1. Erkennen, dass Bilder nicht in der richtigen Reihenfolge sind; Bildinhalte erarbeiten, in Sprache umsetzen
2. Bildgeschichte spannend und lebendig erzählen
3. Lückentext füllen

Unterrichtsverlauf

EINSTIEG

L bringt eine Dose mit Tennisbällen mit oder er schreibt die Namen einiger berühmter Tennisspieler an oder er lässt Kassette mit Geräuschen vom Tennisspiel ablaufen.

S äußern sich dazu; ungelenktes Gespräch über Tennisspiel.

L: Heute habe ich euch eine Bildgeschichte mitgebracht, die auf einem Tennisplatz spielt.

ERARBEITUNG

1. Teilziel: Versuch die Bilder zu ordnen (im Klassenverband oder in Gruppen); Reihenfolge begründen

2. Teilziel: Die einzelnen Bilder beschreiben, auf den Weg des Eichhörnchens achten

3. Teilziel: Überschrift suchen

4. Teilziel: Gemeinsamer Versuch eine Geschichte zu erzählen, die lebendig ist (Namen geben, Ausrufe und Fragen verwenden, Satzanfänge beachten)

VERARBEITUNG

Lückentext füllen oder einen Text gemeinsam erarbeiten und an die Tafel schreiben. Er kann in den folgenden Stunden stückweise diktiert werden.

Weitere Arbeitsvorschläge

SPRACHLICHE GESTALTUNG

Ereignis beim Fußballspielen (z. B. ein Elfmeterschießen) in Gruppenarbeit in eine Bildgeschichte fassen und mit Unterschriften versehen, Reizwortgeschichte schreiben, z. B. Torwart – Hund – Sturz.

SATZBAU

Ausrufe: Vorsicht! Bleib stehen! Komm her! ...

Fragen: Was ...? Warum ...?

WORTSCHATZ

Substantive: Sportler: Boxer, Fußballspieler ...
Sportarten: Ski, Ruder ...

Verben: Wortfeld „laufen, fallen"
Was tun die Tennisspieler? schlagen, springen, laufen ...

Adjektive: blitzschnell, schneeweiß, apfelgrün

Tennisplatz spielten Nachmittag auf

Eichhörnchen Tennisball nichts

großen und Netz stolperte

lief sich keiner

Gestolpert

Gestern waren wir den ganzen ______ auf dem ______.

Gerade als Deniz und Michael ______, kam ein ______ angelaufen. Deniz, pass ______, ein Eichhörnchen!

Aber er merkte ______. Er sah nur den ______-______. „Bestimmt gewinne ich“, dachte er ______ stürmte mit ______ Schritten nach vorn.

Oje, dabei ______ er über das Tierchen und stürzte über das ______. Da lag er nun und wunderte ______. Das Eichhörnchen ______ blitzschnell davon.

Zum Glück hat sich ______ von beiden ernstlich verletzt.

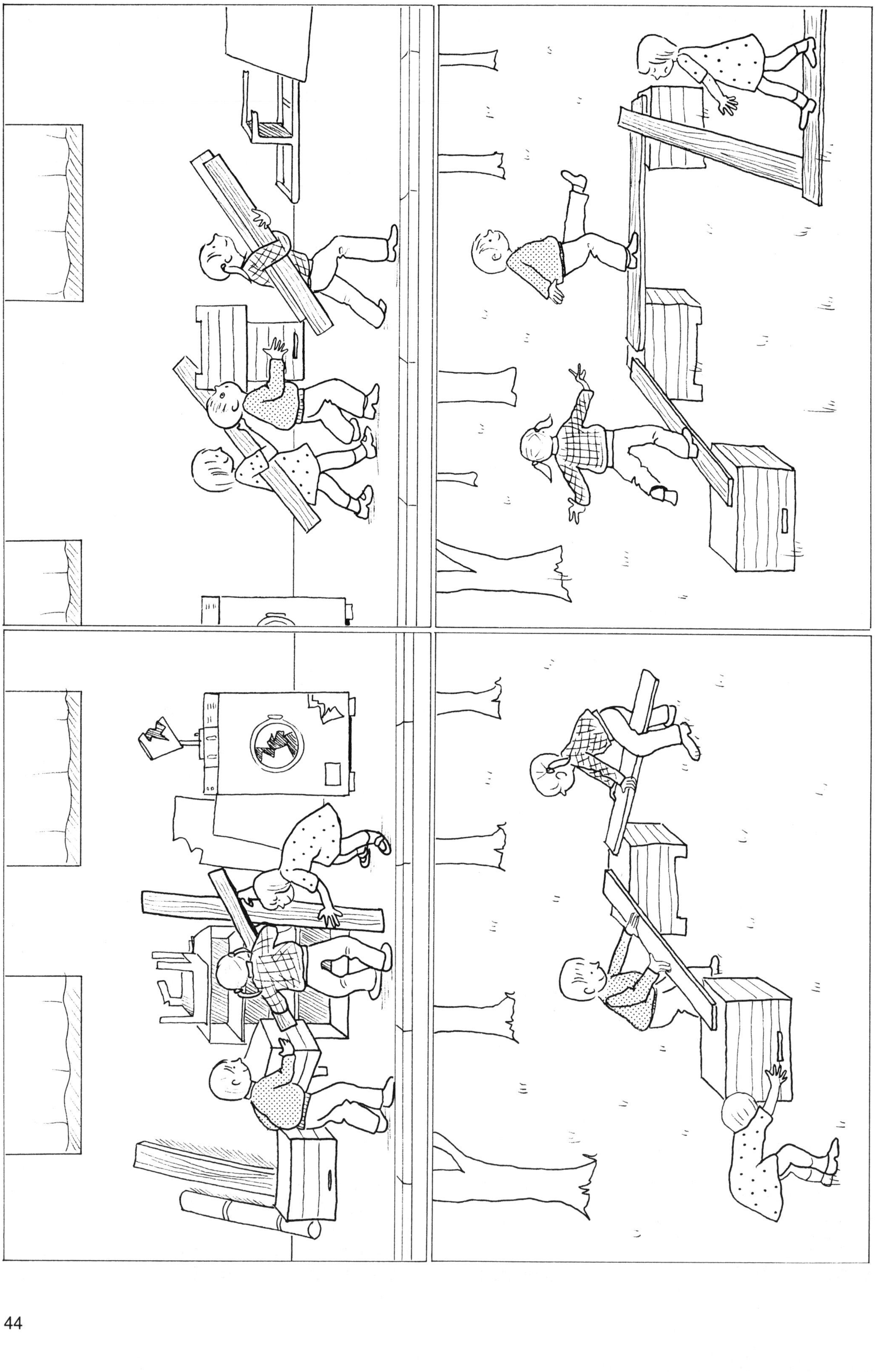

Eine gute Idee

Aufgabe

Beschreibung eines Geschehens nach Bildern und Stichwörtern
Erstellen eines Berichtes

Bildgeschichte

THEMA

Eine gute Idee

INHALT

1. Renate, Sibel und Ulf finden Bretter und Kisten auf dem Sperrmüll.
2. Strahlend tragen sie die Sachen nach Hause.
3. In Renates Garten bauen sie davon ein Klettergestell.
4. Nun können sie darauf turnen.

DARBIETUNGSVORSCHLAG

Bildgeschichten durcheinander anbieten

Lernziele

1. Bilder ordnen, dabei den kausalen Zusammenhang erkennen
2. Durcheinander gewürfelte Sätze den entsprechenden Bildern zuordnen
3. Bildgeschichte erzählen, als hätte man sie selbst miterlebt

Unterrichtsverlauf

EINSTIEG

L bringt ein paar Bretter in die Klasse. Spontanäußerungen der Schüler: (Was hat der L vor? Wo kommt der L her?)

L: Wir wollen uns einmal ansehen, was Renate, Sibel und Ulf mit solchen Brettern gemacht haben, oder L konfrontiert S mit der ganzen, aber ungeordneten Bildgeschichte.

ERARBEITUNG

1. Teilziel: Spontane Schüleräußerungen, allmähliches Herantasten an die richtige Reihenfolge

2. Teilziel: Begründung der Reihenfolge, temporale und kausale Zusammenhänge erkennen und sprachlich formulieren

3. Teilziel: Bilder genau beschreiben und zu jedem Bild einen Kernsatz finden

4. Teilziel: Überschrift suchen; einzelne S geben eine kurze mündliche Beschreibung des Geschehenen.

VERARBEITUNG

S überlegen mit Partner oder in Gruppen die Reihenfolge der Sätze auf dem Ausschneidebogen und kleben sie an der richtigen Stelle auf oder sie schreiben die vorgegebenen Sätze ab. Gute Schüler formulieren selbst Sätze.

Weitere Arbeitvorschläge

SPRACHLICHE GESTALTUNG

1. Die Sätze ins Imperfekt setzen
2. So erzählen, als hätte man selbst am Geschehen teilgenommen
3. Je nach Leistungsstand der Kinder eine ausführliche Erzählung mit einem kurzen Bericht vergleichen lassen, Unterschiede herausfinden lassen.

SATZBAU

Aufforderungen/Bitten: Komm, hilf mir! Fass bitte mit an! Reich mir bitte ...! Lass uns ...!

WORTSCHATZ

Substantive: Was findet man auf dem Sperrmüll?

Verben: Was kann man mit diesen Sachen machen? reparieren, anstreichen, zusammenkleben ...

Adjektive: Wie sind die Sachen? verschlissen, zerrissen, zerbrochen, befleckt ...

Strahlend tragen sie die gefundenen Sachen nach Hause.

Renate, Sibel und Ulf finden Bretter und Kisten auf dem Sperrmüll.

Nun können sie darauf turnen.

Eine gute Jdee

Jn Renates Garten bauen sie damit ein Klettergestell.

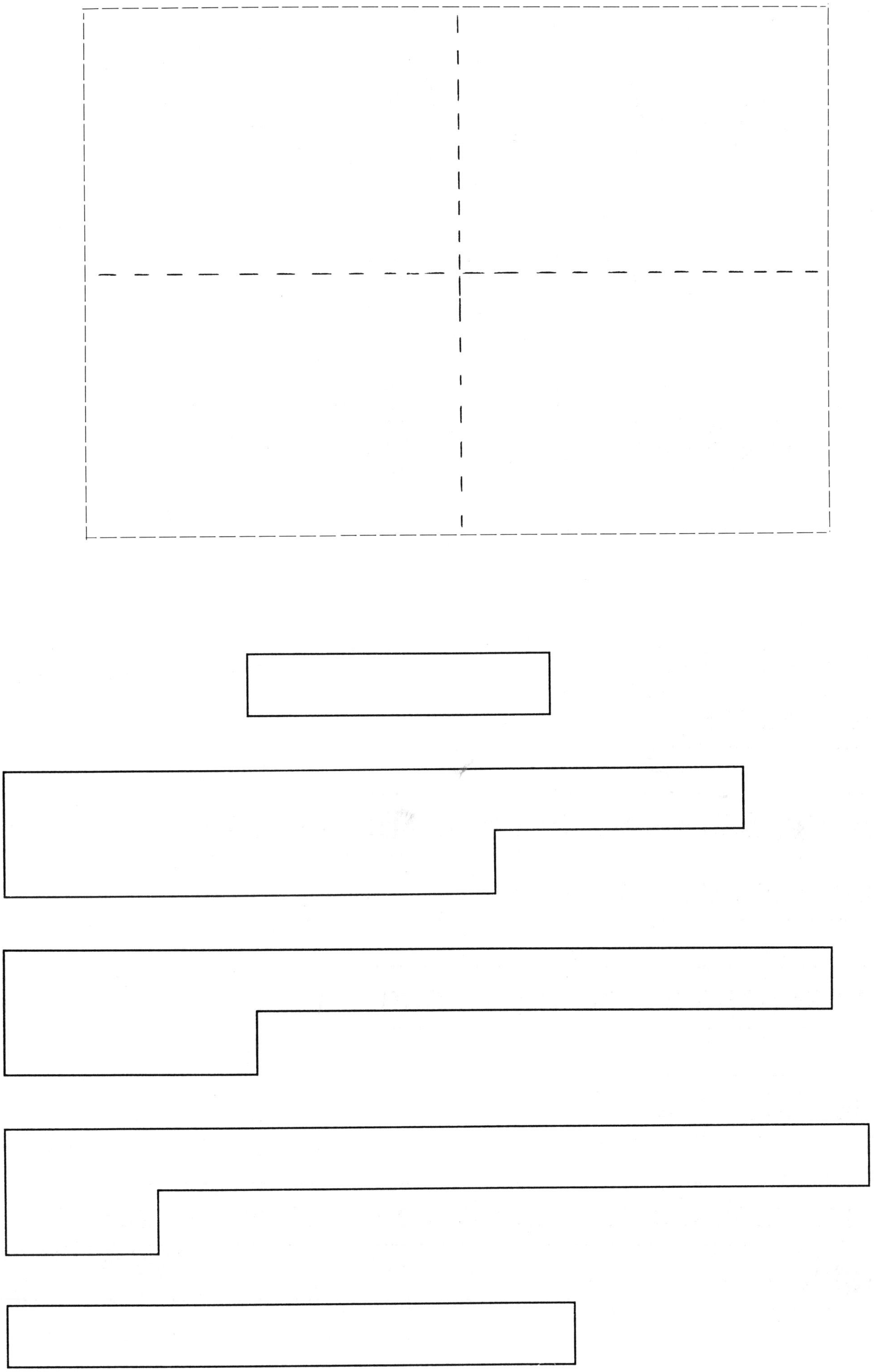

Eine Schneeballschlacht

Aufgabe

Bildgeschichte durch Sprechblasen lebendig machen

Bildgeschichte

THEMA

Schneeballschlacht

INHALT

1. Markus und Irene bauen einen Schneemann.
2. Sie bewerfen ihn mit Schneebällen.
3. Die beiden bauen einen zweiten Schneemann.
4. Jetzt macht das Spielen mehr Spaß. Sie können sich gegenseitig bewerfen und hinter den Schneemännern Schutz suchen.

DARBIETUNGSVORSCHLAG

Bildgeschichte in ungeordneter Reihenfolge anbieten

Lernziele

1. Ordnen einer Bilderfolge
2. Erfassen der Zusammenhänge, mündliches Darstellen der Geschichte

Unterrichtsverlauf

EINSTIEG

L zeichnet die Umrisse eines Schneemanns an die Tafel.
S ergänzen Augen, Nase, Hut und Stock.
L: Nun wollen wir uns einmal ansehen, wozu zwei Kinder ihre Schneemänner benutzt haben.
L zeigt Bilder in verkehrter Reihenfolge.

ERARBEITUNG

1. Teilziel: Ordnen der Bilder, Begründung der Reihenfolge; Erkennen, dass eine ungeordnete Geschichte unverständlich ist;

2. Teilziel: Betrachten der einzelnen Bilder, Sammeln von Stichwörtern

3. Teilziel: Eine Überschrift wird gesucht.

4. Teilziel: Die Geschichte wird mündlich erzählt unter Beachtung der Erzählkomponenten: Namen, verschiedene Satzanfänge, in einer Zeitstufe bleiben, richtige Reihenfolge;

5. Teilziel: S bereiten mit Partner die Bildgeschichte als szenische Darstellung vor und spielen sie den Mitschülern vor.

VERARBEITUNG

S schneiden Sprechblasen aus oder schreiben sie ab.

Weitere Arbeitsvorschläge

SPRACHLICHE GESTALTUNG

1. Ein eigenes Erlebnis im Schnee erzählen, 1–3 Bilder dazu malen
2. Gemeinsam einen Schneemann bauen, die Herstellung genau beschreiben

SATZBAU

Fragen/Antworten: Was habt ihr zuerst gemacht? Zuerst haben wir... Was habt ihr anschließend gemacht? Anschließend...
Sätze mit „zunächst, als Erstes, dann, darauf..."

WORTSCHATZ

Winter:

Substantive: Schnee, Kälte, Frost...

Gefahren im Winter: Glatteis, Schneeverwehung...

Freuden im Winter: Skifahren, Rodeln...

Verben: rodeln, schneien, frieren...

Adjektive: kalt, frostig...
Adjektive aus Substantiven ableiten: Frost – frostig, Kälte – kalt...

Wir haben einen schönen Schneemann gebaut, nicht wahr?

Ja, das Zweiglein noch, und er ist fertig. Prima!

Das ist toll. Dann hat jeder von uns einen „Schutzwall".

Genau, mal sehen, wer die meisten Schneebälle abbekommt. Du oder ich?

Er ist eine gute Zielscheibe für unsere Schneebälle.

Achtung! Eine neue Ladung kommt.

Ha, ha, versteck dich, sonst bist du gleich der 3. Schneemann.

Ja, aber langsam wird es langweilig, immer nur auf den Schneemann zu zielen. Was hältst du von einem 2. Schneemann?

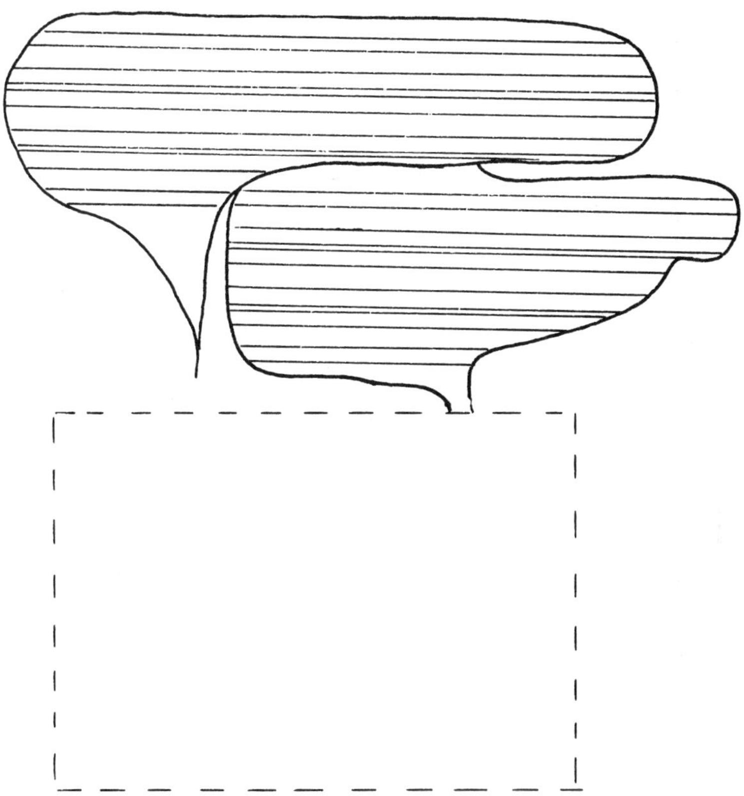

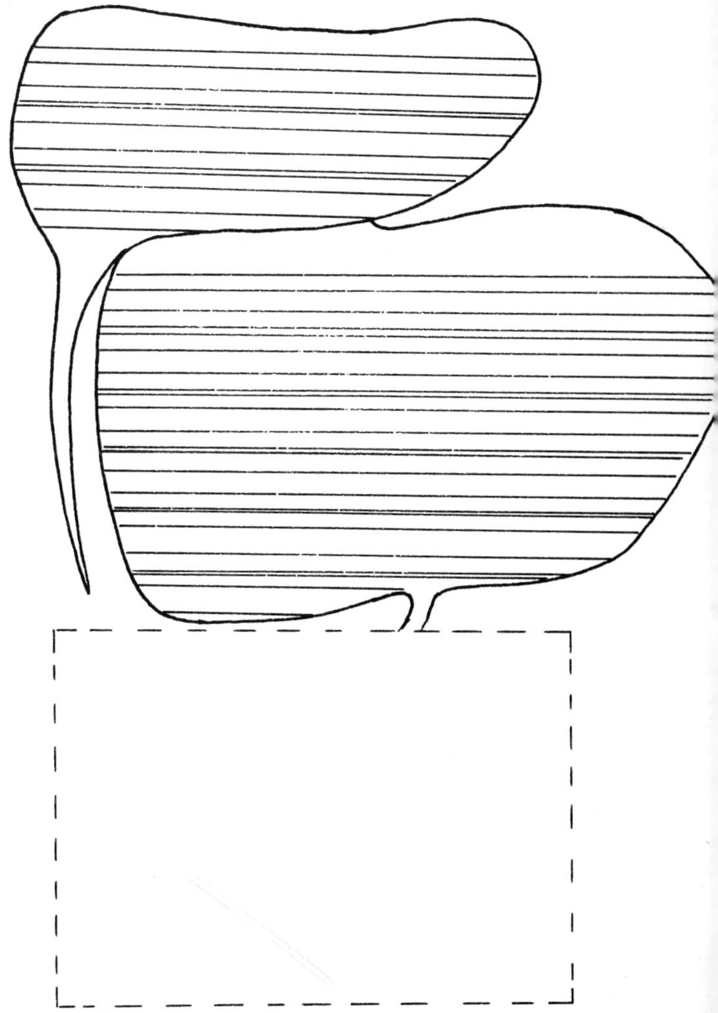

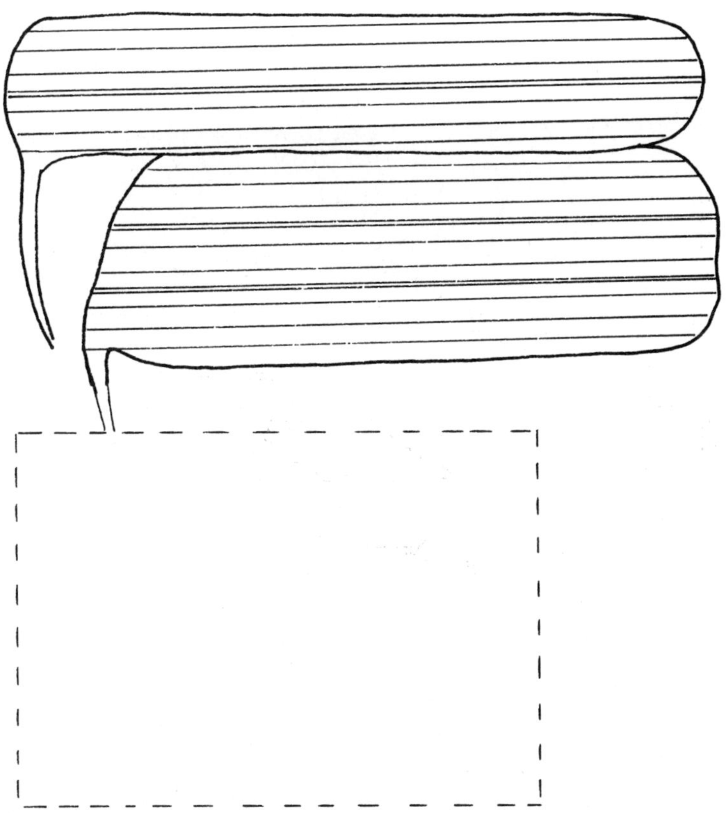

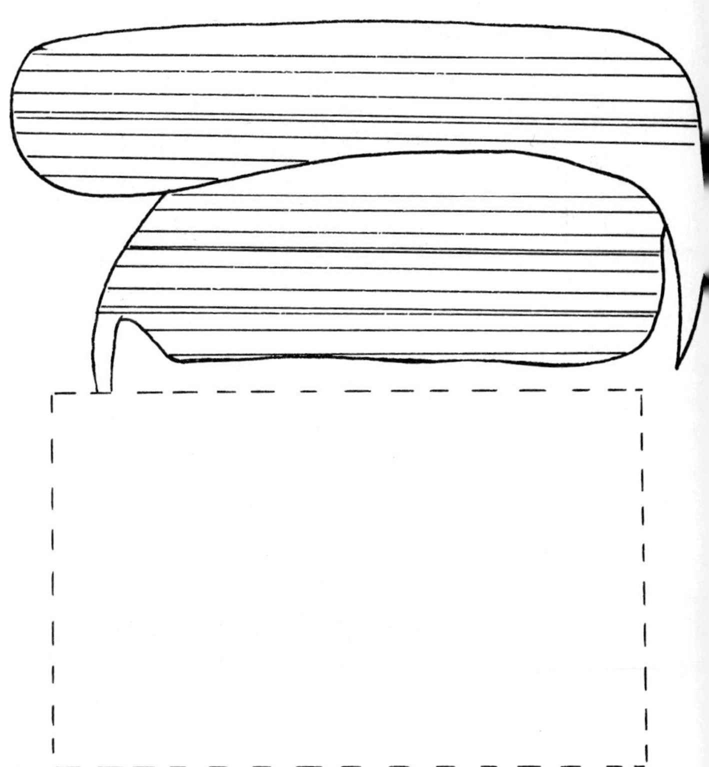

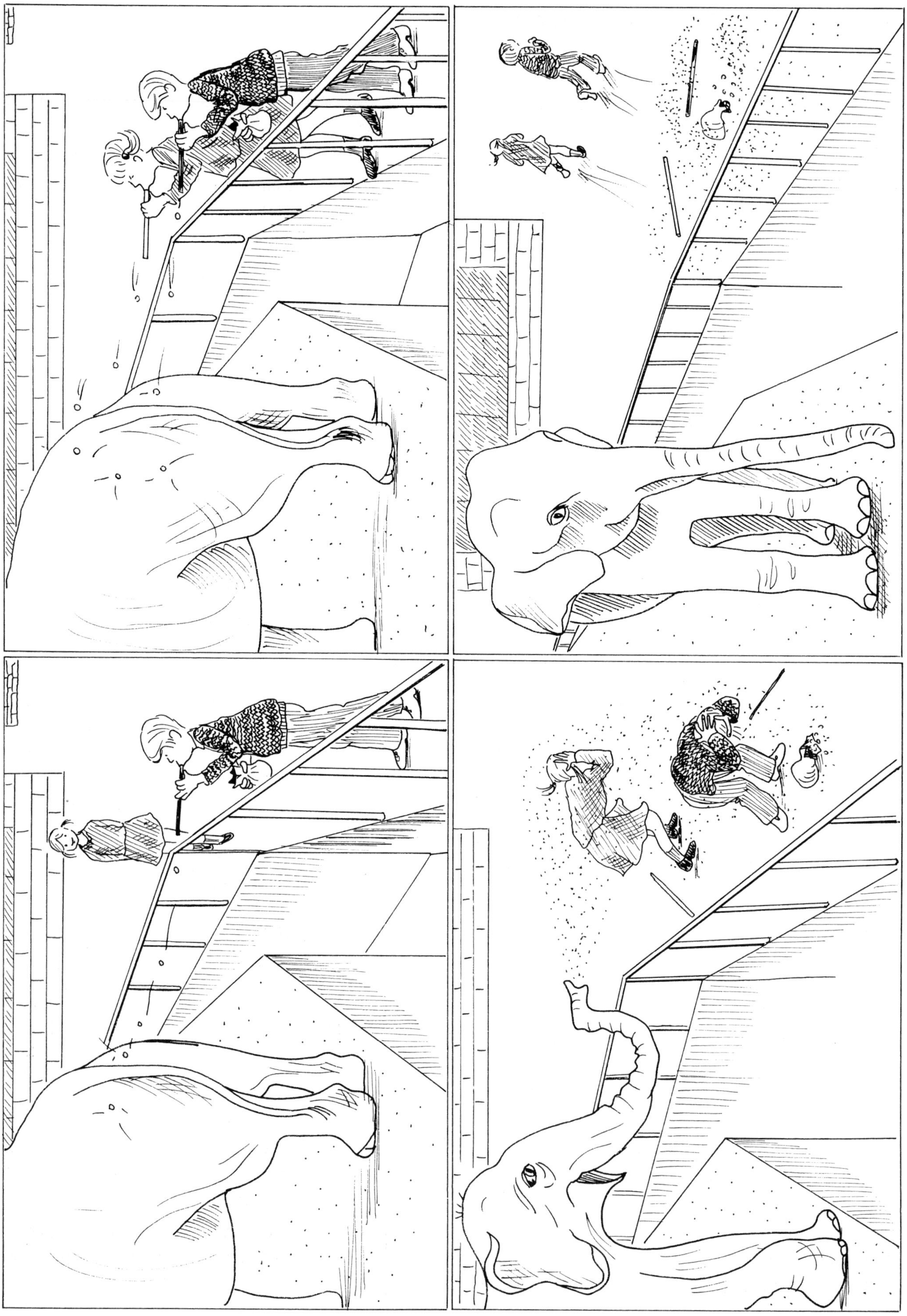

Die Rache des Elefanten

Aufgabe

Zu einer Bildgeschichte passende Sätze finden und eine spannende Geschichte erstellen

Bildgeschichte

THEMA

Die Rache des Elefanten

INHALT

1. Meike beobachtet, wie Klaus Erbsen auf einen Elefanten schießt.
2. Nun ärgern beide das Tier.
3. Der Elefant rächt sich, indem er Sand auf die beiden bläst.
4. Erschreckt laufen die Kinder davon.

DARBIETUNGSVORSCHLAG

Bildgeschichte in ungeordneter Reihenfolge

Lernziele

1. Den Ablauf der Bildgeschichte in die richtige Reihenfolge bringen
2. Klare, verständliche Sätze zu jedem Bild formulieren
3. Die Geschichte im Zusammenhang ansprechend erzählen

Unterrichtsverlauf

EINSTIEG

L: Viele von euch waren doch sicher schon einmal im Zoo.
Spontanäußerungen der Schüler und Erzählen von Erlebnissen im Zoo

L: Was ich dort vor einigen Wochen beobachtet habe, zeige ich euch nun in einer Bildgeschichte.

ERARBEITUNG

1. Teilziel: Konfrontation mit der ungeordneten Bildgeschichte, S ordnen die Bilder und begründen

2. Teilziel: Mündliches Erschließen der Bildinhalte, gemeinsames Suchen nach guten, treffenden Sätzen

3. Teilziel: Mögliche Überschriften suchen

4. Teilziel: Ein Schüler erzählt die Geschichte. Die Mitschüler achten darauf, dass ausführlich, in der richtigen Reihenfolge, ohne Wiederholungen und Abschweifungen erzählt wird, dass die Sätze klar und verständlich sind.

VERARBEITUNG

Lückentext ausfüllen oder
eigene Geschichte niederschreiben, anschließende Begutachtung der schriftlichen Versuche

Weitere Arbeitsvorschläge

SPRACHLICHE GESTALTUNG

S erzählen in zusammenhängenden Sätzen von eigenen Zooerlebnissen, wobei auf Zeitgebrauch und Abwechslung der Satzanfänge geachtet wird.
Als Erstes, zuerst haben wir … besucht (dann, danach … zwischendurch … zuletzt, als Letztes, zum Schluss)

SATZBAU

Fragen/Antworten: Wo wart ihr zuerst? Zuerst waren wir bei … Wo wart ihr danach?
Hast du … gesehen? Nein, … habe ich nicht gesehen, aber ich habe …

WORTSCHATZ

Substantive: Körperteile des Elefanten
Tiere einteilen nach Fell, Haut, Federn …

Verben: Passende Verben zur Bildgeschichte sammeln, aufschreiben; Wortfeld „laufen" (flitzen, rennen, sausen, eilen, hetzen …)

Adjektive zur Bildgeschichte sammeln: hinterlistig, gemein, überrascht, kopflos, schnell, listig …

Blasrohr Rache auf schaut

beide Rüssel dreht

Sand laufen die Ruhe der

Die ______ des Elefanten

Mit einem ______ schießt Klaus Erbsen ______ den Elefanten. Meike ______ ihm dabei zu.

Jetzt schießen sie ______ auf das Tier.

Aber da ______ sich der Elefant plötzlich um.

Mit seinem ______ bläst er ganz viel ______ auf ______ beiden Schlingel.

Erschreckt ______ sie davon.

Endlich hat ______ Elefant wieder ______.

Spielzeug-
schau
1.-
42 - 46
SPAR PREIS
AB 20,- €
Sonder-
angebot
Gesucht wird …

O weh, wo ist Gerda?

Aufgabe

Das Geschehen auf den Bildern versprachlichen, eine Personenbeschreibung erstellen

Bildgeschichte

THEMA

O weh, wo ist Gerda?

INHALT

1. Gerda ist mit ihrer Mutter im Kaufhaus.
2. Gerda läuft weg.
3. Sie weint, weil sie sich verlaufen hat.
4. Die Mutter lässt Gerda über Lautsprecher suchen.

DARBIETUNGSVORSCHLAG

Bildgeschichte in der richtigen Reihenfolge

Lernziele

1. Eine Begebenheit spannend schildern
2. Geschehenslücken zwischen den einzelnen Bildern schließen
3. Eine Personenbeschreibung erstellen

Unterrichtsverlauf

EINSTIEG

L konfrontiert S sofort mit dem ersten Bild.
L: Heute wollen wir uns ein Erlebnis der kleinen Gerda ansehen.

ERARBEITUNG

1. Teilziel: Erschließen von Bild 1 in Partnerarbeit; S erzählen, was ihnen das Bild sagt.

2. Teilziel: Begegnung mit dem 2. Bild. Was mag sich Gerda denken, warum läuft sie weg? Was mag weiter geschehen?

3. Teilziel: S äußern sich zum 3. Bild. Sie überlegen, was in einem solchen Fall geschehen kann oder sollte. Was geht in Gerda vor? Wie kann man ihr helfen?

4. Teilziel: Betrachten des 4. Bildes. Wo ist die Mutter hier? Was geschieht nun? Was kann man durch den Lautsprecher hören? S machen Vorschläge.

5. Teilziel: S versuchen Gerda zu beschreiben. Was muss beachtet werden? (Alter, Größe, Geschlecht, Haarfarbe, Kleidung ...)

6. Teilziel: S erarbeiten die Lautsprecherdurchsage.

VERARBEITUNG

S füllen den Lückentext aus oder gestalten den Text selbst.

Weitere Arbeitsvorschläge

SPRACHLICHE GESTALTUNG

1. S beschreiben einen Mitschüler, der erraten werden muss
2. Aufschreiben einer Suchanzeige

SATZBAU

Wie sieht ... aus? Mein/meine ... ist ...
Hast du mein/meine ... gesehen? Er/sie ist ...

WORTSCHATZ

Adjektive suchen, die einen Menschen beschreiben
Haare: blond, schwarz, lang ...
Gesicht: oval, rund ...
Körper: schlank, dick ...
Augen: blau, grün ...
Nase: kurz, gerade ...
Kleidung: (Art, Farbe ...)

Gesucht:

Name: Gerda

Alter: 4 Jahre

Größe: ungefähr 1,10 m

Haare: blond

Augen: braun

Kleid: weiß mit blauen Punkten

Söckchen: blau

Schuhe: schwarz

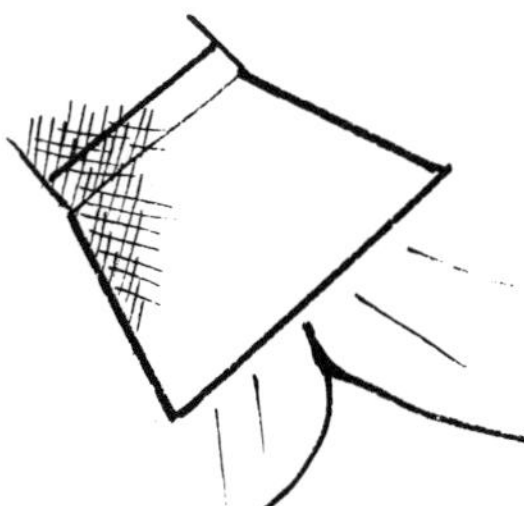

„Gesucht wird die ________ alte ________.
Sie ist ________ 1,10 m groß.
Sie hat ________ Haare und ________ Augen.
Sie trägt ein ________ Kleid mit ________ Punkten.
Jhre Söckchen sind ________ und ihre Schuhe sind ________.
Gerdas Mutter wartet neben der Hauptkasse in der 1. Etage."

Ein Überfall

Aufgabe

Ein Geschehen aus verschiedenen Perspektiven anschaulich erzählen

Bildgeschichte

THEMA

Ein Überfall

INHALT

1. Malte und Rex haben eine Zeitung gekauft.
2. Auf dem Heimweg erscheint plötzlich ein Junge und schlägt Malte ins Gesicht.
3. Eine Schlägerei beginnt.
4. Rex greift ein.
5. Er jagt den Jungen in die Flucht.
6. Erleichtert laufen die beiden nach Hause.

DARBIETUNGSVORSCHLAG

Bildgeschichte in der richtigen Reihenfolge

Lernziele

1. Das Geschehen zeitlich und inhaltlich richtig wiedergeben
2. Geschichte interessant gestalten
3. Aus verschiedenen Perspektiven erzählen

Unterrichtsverlauf

EINSTIEG

L zeigt Fotos von seinem Haustier.
S äußern sich dazu, erzählen von eigenen Tieren.
L: Ich habe euch eine Bildgeschichte von einem Jungen mitgebracht, der einen Hund hat, oder
L zeigt Bilder von verschiedenen Hunden.
S äußern sich im Gespräch über Hunde.
L: Heute habe ich euch eine Bildgeschichte mitgebracht, die von einem Hund erzählt.

ERARBEITUNG

1. Teilziel: Begegnung mit den ersten beiden Bildern, zu jedem Bild einen treffenden Satz finden, überlegen, wie die Bildgeschichte weitergeht;

2. Teilziel: Bild 3 betrachten, besonders auf den Hund und seine Gedanken eingehen; treffende Unterschrift suchen

3. Teilziel: Bild 4 und 5 beschreiben: Gedanken des Hundes versprachlichen, Bildunterschriften suchen

4. Teilziel: Möglichen Ausgang der Geschichte antizipieren, 6. Bild ansehen, Überschrift suchen

VERARBEITUNG

Lückentext füllen oder gemeinsam erarbeitete Sätze abschreiben

Weitere Arbeitsvorschläge

SPRACHLICHE GESTALTUNG

1. Geschichte aus der Sicht des Hundes erzählen
2. Geschichte aus der Sicht des angegriffenen Jungen erzählen
3. Einen kurzen, aber sachlich richtigen Bericht verfassen

SATZBAU

Aussagen:
Mein Hund ist klein, aber er kann schnell laufen.
Mein Hund ist..., aber...

Fragen:
Kann dein Hund auch...?

WORTSCHATZ

Substantive: Was man am Kiosk kaufen kann: Zeitung, Waffeln...

Verben: Wortfeld „kaufen, essen, Geld ausgeben“

Adjektive: Wie sind die Dinge, die ich dort kaufe? billig, teuer, rund, klein...

Spiel:
1. S: Ich kaufe eine Zeitung.
2. S. Ich kaufe eine Zeitung und ein Buch.
3. S: Ich kaufe eine Zeitung, ein Buch und ein Eis.
usw.

Zeitung Hause trägt erscheint

sich Gesicht Junge denkt

böse Bein läuft stürzt ruft

nach laufen davon

Ein Überfall

Malte hat eine __________ gekauft.

Stolz __________ Rex sie nach __________.

Plötzlich __________ ein fremder __________ und schlägt Malte ins __________. Malte wehrt __________.

„Das sieht aber __________ aus“, __________ Rex. „Da muss ich helfen.“

Er __________ sich auf den Jungen und beißt ihn ins __________. Erschreckt __________ der Angreifer __________.

„Bravo, Rex!“, __________ Malte.

Dann __________ beide erleichtert __________ Hause.

Hilfe, ein Dieb!

Aufgabe

Ein beobachtetes Ereignis spannend erzählen

Bildgeschichte

THEMA

Hilfe, ein Dieb!

INHALT

1. Ein Mann beobachtet eine Frau, die auf der Bank viel Geld in ihre Tasche steckt.
2. Am Bahnhof nützt er eine günstige Gelegenheit, um die Tasche zu stehlen.
3. Nina beobachtet den Mann.
4. Als er an ihr vorbeiläuft, stellt sie ihm ein Beinchen. Der Mann stürzt zu Boden.
5. Er wird festgenommen.
6. Nina bekommt von der Frau eine Belohnung.

DARBIETUNGSVORSCHLAG

Bildgeschichte in der richtigen Reihenfolge zeigen

Lernziele

1. Eine Geschichte spannend erzählen
2. Auf treffende Verben und ausdrucksstarke Adjektive achten

Unterrichtsverlauf

EINSTIEG

L liest einen kurzen Zeitungsartikel vor, in dem etwas Ähnliches berichtet wird, oder
L erzählt von seinem Besuch bei der Bank, oder
L konfrontiert S sofort mt dem ersten Bild. Spontanäußerungen der S.

ERARBEITUNG

1. Teilziel: Beschreiben von Bild 1–3

2. Teilziel: Überlegen, was zwischen Bild 2 und Bild 3 geschehen ist; Stichwörter sammeln

3. Teilziel: Inhalt von Bild 4 erarbeiten, möglichen Ausgang überlegen

4. Teilziel: Eigenen Schluss erarbeiten oder Bild 5 und 6 anbieten, Stichwörter sammeln

5. Teilziel: S entwerfen eine kleine Geschichte, suchen Satzanfänge, treffende Verben, gute Adjektive

6. Teilziel: Überschrift suchen

VERARBEITUNG

Die erarbeiteten Sätze diktieren oder den Lückentext füllen

Weitere Arbeitsvorschläge

SPRACHLICHE GESTALTUNG

1. Zum 1. Bild einen Dialog erarbeiten
2. Zum 3. Bild: Sich in Nina hineinversetzen und ihre Gedanken aufschreiben
3. Kreisgespräch: Wie und woher bekommt eine Familie Geld?

SATZBAU

Aufforderungen
Haltet den Dieb! Wartet auf mich! Geht nicht weg! Lisa, komm schnell her! Peter, lies den Brief!

WORTSCHATZ

Auf der Bank

Substantive: Gegenstände auf der Bank (Schalter, Formulare...)

Verben: Was tut man auf der Bank? Geld einzahlen, ...
Wortfeld „gehen“, „sehen“

Adjektive suchen, die zu dem Dieb passen, Adjektive suchen, die zu Nina passen.

steckt stellt beobachtet ergreift lehnt

läuft bemerkt denkt kommen

stellt vorbeilaufen verhaftet fällt

bekommt stürzt

Hilfe, ein Dieb!

Auf einer Bank ____ ein junger Mann eine Frau, die gerade viel Geld in ihre Tasche ____.

Als sie am Bahnhof diese Tasche neben sich ____, ____ der Mann sie und ____ schnell fort. An einer Säule ____ die kleine Nina, die das ____ hat. „Der wird nicht weit ____-____“, ____ sie. Und als der Dieb an ihr ____ will, ____ sie ihm ein Beinchen. Hoppla, da ____ er. Die Tasche ____ ihm aus der Hand. Bald darauf wird er ____.

Nina ____ für ihre mutige Tat eine Belohnung.

KASSE
KASSE 10

Eine böse Überraschung

Aufgabe

Ein Erlebnis aus verschiedenen Perspektiven erzählen

Bildgeschichte

THEMA

Eine böse Überraschung

INHALT

1. Mutter und Tochter sind im Kaufhaus.
2. Die Tochter probiert ein Kleid an.
3. Sie wollen es kaufen.
4. Die beiden gehen zur Kasse.
5. Froh gehen sie mit der Tüte nach Hause.
6. Als das Mädchen die Tüte öffnet, findet sie ein Clownkostüm.

DARBIETUNGSVORSCHLAG

Bildgeschichte in der richtigen Reihenfolge anbieten

Lernziele

1. Handlung der Bilderfolge richtig und spannend erzählen
2. Gefühle und Gedanken der Personen versprachlichen
3. Aus der Sicht des Beobachters und der der Hauptperson erzählen

Unterrichtsverlauf

EINSTIEG

L lässt Kassette mit dem Stimmengewirr in einem Kaufhaus ablaufen.

S erraten die Geräusche, erzählen eigene Erlebnisse im Kaufhaus.

L: Ich habe euch heute eine Bildgeschichte dazu mitgebracht.

ERARBEITUNG

1. Teilziel: Beschreiben der ersten 4 Bilder, Stichwörter an die Tafel

2. Teilziel: Mögliche Ausgänge der Geschichte überlegen. Bei der weiteren Bildbetrachtung besonders Gefühle und Gedanken des Mädchens beachten

3. Teilziel: Überschriften suchen

4. Teilziel: Bildgeschichte von Dreiergruppen spielen lassen

5. Teilziel: Geschichte als persönliches Erlebnis erzählen; auf Satzanfänge, richtige Reihenfolge, treffende Ausdrücke achten

VERARBEITUNG

Sätze ausschneiden und auf die richtigen Kästchen kleben oder
Sätze von Blatt oder Tafel abschreiben oder selbst Sätze formulieren bzw. eine kleine Geschichte gestalten

Weitere Arbeitsvorschläge

SPRACHLICHE GESTALTUNG

1. Bildgeschichte aus der Sicht der Mutter, eines Beobachters erzählen
2. Kleidungsstücke beschreiben: Material, Größe, Form und Farbe
3. Erraten von Kleidungsstücken, die von einzelnen S beschrieben werden.

SATZBAU

Haben Sie... verloren? Haben Sie vielleicht meine... gesehen?

WORTSCHATZ

Substantive: Rock, Mantel, Mütze ...

Verben: Was macht man mit Kleidungsstücken? tragen, waschen, flicken ...

Zusammengesetzte Adjektive: Eine schneeweiße Mütze, ein grasgrüner Pulli ... zitronengelb ... tomatenrot ...

Da wir es kaufen wollten, gaben wir es einer Verkäuferin.

Jch probierte ein rotes Kleid mit grünen Punkten an.

Glücklich trug ich das Paket nach Hause.

Gestern war ich mit meiner Mutter im Kaufhaus, um ein Kleid zu kaufen.

Aber, o weh, als ich es auspacken wollte, war ein Clownkostüm in der Tüte. Das war eine böse Überraschung!

Eine böse Überraschung

Anschließend bezahlten wir es an der Kasse.

Enttäuscht

Aufgabe

Ein Erlebnis folgerichtig und ansprechend erzählen

Bildgeschichte

THEMA

Enttäuscht

INHALT

1. Klaus betritt Julias Zimmer mit einem Kästchen.
2. Er versteckt es im Puppenwagen.
3. Vorsichtig deckt er es zu.
4. Julia nähert sich mit ihrer Puppe, während Klaus sich im Schrank versteckt hält.
5. Sie zieht die Decke zurück.
6. Ein Teufelchen springt ihr entgegen. Julia muss lachen.

DARBIETUNGSVORSCHLAG

Bildgeschichte in der richtigen Reihenfolge anbieten

Lernziele

1. Geschichte abwechslungsreich gestalten und dabei sich ständig wiederholende Satzanfänge wie „Und dann...", „Und da..." vermeiden.
2. Aus vorgegebenen Sätzen den richtigen Satz herausfinden

Unterrichtsverlauf

EINSTIEG

L: Gestern haben sich meine Kinder geprügelt.
S äußern sich über mögliche Gründe.
L: Auch in der Bildgeschichte, die ich euch heute mitgebracht habe, sind die Hauptfiguren zwei Geschwister, oder
L zeigt sofort das erste Bild der Bildgeschichte.

ERARBEITUNG

1. Teilziel: Bild 1–3 beschreiben, weiteres Geschehen vermuten

2. Teilziel: Bild 4 und 5 betrachten, Unterschriften zu Bild 1–5 suchen

3. Teilziel: Bild 6, Reaktionen der Geschwister beachten. Wer ist überraschter?

4. Teilziel: Überschrift suchen, die Neugierde weckt

5. Teilziel: Aus den Unterschriften eine Geschichte bilden, Satzanfänge beachten

VERARBEITUNG

Richtige Sätze auf Ausschneidebogen heraussuchen, aufkleben oder abschreiben; eigene Sätze schreiben.

Weitere Arbeitsvorschläge

SPRACHLICHE GESTALTUNG

1. Geschichte aus der Sicht von Klaus oder Julia erzählen
2. Erlebnis in Briefform schreiben
3. Ein solches Überraschungskästchen basteln und eine Arbeitsanweisung erarbeiten

SATZBAU

Ausrufe: O weh! Ach, du Schreck! Oh, ist das schön!

WORTSCHATZ

Substantive:
Sachen aus dem Kinderzimmer, besonders zusammengesetzte Nomen

Verben:
Tätigkeiten im Kinderzimmer: lesen, basteln ...
ich lese – ich las

Adjektive:
Kinderzimmer sind hell, groß, eng ...

Auflösung: 2, 2, 1, 3, 3, 2

○ Julia tritt ins Zimmer.
○ Klaus kommt in Julias Zimmer.
○ Die Mutter betritt das Kinderzimmer.

○ Liebevoll beugt er sich über den Puppenwagen.
○ Lachend versteckt er ein Kästchen in dem Puppenwagen.
○ Er legt ein Püppchen in den Puppenwagen.

○ Vorsichtig deckt er das Kästchen zu.
○ Julia deckt ihre Puppe zu.
○ Klaus deckt seine Puppe zu.

○ Klaus kommt mit seiner Puppe herein.
○ Die Mutter hält Julia auf dem Arm.
○ Julia kommt mit ihrer Puppe herein.

○ Sie zieht ihre Puppe aus.
○ Sie schiebt den Puppenwagen fort.
○ Sie zieht die Decke zurück.

○ Ein Teufelchen springt aus dem Kästchen und erschreckt Julia.
○ Ein Teufelchen springt aus dem Kästchen. Da muss Julia laut lachen.

Vergebliche Mühe

Aufgabe

Ein Erlebnis in der richtigen Reihenfolge verständlich und interessant erzählen

Bildgeschichte

THEMA

Vergebliche Mühe

INHALT

1. Vater und Tochter kommen mit selbst gepflückten Beeren aus dem Wald.
2. Eine Autofahrerin bittet den Vater um Hilfe.
3. Er stellt das Körbchen auf das Wagendach und sieht sich den Motor an.
4. Der Fehler ist beseitigt. Froh fährt die Frau davon, während Vater und Tochter versuchen, sie auf das Körbchen aufmerksam zu machen.
5. In hohem Bogen fliegt es herunter.
6. Alle Beeren liegen auf der Straße.

DARBIETUNGSVORSCHLAG

Entweder in ungeordneter Reihenfolge oder in der richtigen Reihenfolge, dabei das 5. Bild weglassen

Lernziele

1. Ein Erlebnis so erzählen, dass der Zuhörer der Geschichte gespannt zuhört
2. Klare und anschauliche Sätze gebrauchen
3. Ausrufe und Gedanken der Hauptfiguren sinnvoll einbauen

Unterrichtsverlauf

EINSTIEG

L bringt Körbchen mit Pilzen oder Beeren mit.
S raten, woher sie sind, oder
L bringt leeres Körbchen mit.
S raten, was er damit vorhat, oder
L konfrontiert Schüler mit dem ersten Bild.
S äußern spontane Vermutungen.

ERARBEITUNG

1. Teilziel: Beschreiben von Bild 1–3, Stichwörter sammeln

2. Teilziel: Bild 4, Ängste und Hoffnungen von Vater und Tochter verbalisieren, Bild 1–4 spielen

3. Teilziel: Ausgang erfinden und malen oder Bild 5 und 6 erarbeiten

4. Teilziel: Überschrift suchen

5. Teilziel: Mündlicher Gestaltungsversuch unter Mithilfe der Klasse

VERARBEITUNG

Lückentext füllen
In Gruppen eine kleine Geschichte gestalten

Weitere Arbeitsvorschläge

SPRACHLICHE GESTALTUNG

1. Bildgeschichte als eigenes Erlebnis erzählen (Vergangenheit) oder
2. aus der Sicht des Mädchens erzählen
3. eigenes Wald- oder Autoerlebnis erzählen

SATZBAU

Ausrufe:
Oh, das tut weh!
O je, unsere schönen Beeren!

Bitten:
Kannst du mir bitte helfen?

Höfliche Fragen:
Kann ich Ihnen helfen?
Darf ich Ihnen ... zeigen?

WORTSCHATZ

Substantive: Bestandteile eines Autos

Verben: Was macht man mit einem Auto? fahren, waschen ...

Adjektive: Wie sind Autos? schnell, langsam, eng ...

mit Straße Tochter Autofahrerin

Hilfe Motor Körbchen fährt

Schaden beiden Rufen fliegt

laut Bogen Beeren liegen

Vergebliche Mühe

Herr Herten kommt ______ seiner ______ Verena vom Beerenpflücken.

Auf der ______ bittet eine ______ Herrn Herten um ______. Er stellt das ______ auf dem Auto ab und sieht sich den ______ an. Es gelingt ihm, den ______ zu beheben.

Froh ______ die Frau davon. Sie bemerkt nicht das aufgeregte ______ der ______ Beerenpflücker.

„Halt, halt, unser Körbchen!“, ruft Verena ganz ______. Zu spät! Das Körbchen ______ in hohem ______ vom Auto. Ach, nun ______ alle ______ auf der Straße.

Alle Arbeit war umsonst.

Eine schwierige Entscheidung

Aufgabe

Eine Bildgeschichte mit treffenden Sätzen versehen

Bildgeschichte

THEMA

Eine schwierige Entscheidung

INHALT

1. Raul und Kerstin wollen eine Zeitung kaufen.
2. Sorgfältig betrachten sie das Angebot.
3. Die Vorschläge der Verkäuferin lehnen sie ab.
4. Endlich haben sie die richtige Zeitung gefunden.
5. Glücklich ziehen sie davon.
6. Die Zeitung eignet sich vorzüglich zum Bau von Papierfliegern.

DARBIETUNGSVORSCHLAG

Bildgeschichte in der richtigen Reihenfolge zeigen

Lernziele

1. Unterschriften zu jedem Bild finden
2. Bildgeschichte szenisch darstellen
3. Sätze und Bilder einander zuordnen

Unterrichtsverlauf

EINSTIEG

L bringt Zeitungen und Illustrierte mit.
S überlegen, wo Zeitungen herkommen.
L: Ich habe euch eine Bildgeschichte mitgebracht, die ihr euch jetzt mit euren Freunden ansehen dürft.
S bilden Gruppen.

ERARBEITUNG

1. Teilziel: Die Gruppen erarbeiten den Inhalt der Bilder 1–3, suchen zu jedem Bild eine Unterschrift. Die Gruppensprecher teilen die Ergebnisse mit, die miteinander verglichen und notfalls verbessert werden (evtl. Festhalten der besten Sätze an der Tafel)

2. Teilziel: Die Erarbeitung der Bilder 4–6 erfolgt wie oben beschrieben

3. Teilziel: Die Gruppen suchen eine Überschrift

4. Teilziel: Sie spielen die Bildgeschichte. Die Darstellungen werden miteinander verglichen.

VERARBEITUNG

Sätze auf dem Ausschneidebogen werden in der richtigen Reihenfolge nummeriert und entweder diese Sätze vom Ausschneidebogen oder die an der Tafel gesammelten abgeschrieben. Gute Schüler können auch eine eigene Niederschrift versuchen.

Weitere Arbeitsvorschläge

SPRACHLICHE GESTALTUNG

Geschichte in der Ich/Wir-Form schreiben
Geschichte als Gespräch aufschreiben

SATZBAU

Gespräch zwischen Verkäufer und Kunde
Haben Sie vielleicht...? Könnten Sie mir bitte... geben? Ich hätte gern...

WORTSCHATZ

Substantive: Was kann man am Zeitungskiosk kaufen? Illustrierte, Tageszeitung, Bastel-, Strick-, Rätsel-, Comic-Heft...

Verben: Was macht man damit? lesen, raten, bemalen, wegwerfen...

Adjektive: Wie sind sie? lustig, spannend, lehrreich, teuer...
Lösung des Ausschneidebogens 6, 4, 2, 1, 3, 5

○ Auf einer Wiese basteln sie daraus Papierflieger.

○ Endlich entdecken sie in der untersten Reihe eine passende Zeitung.

○ Die Verkäuferin macht ihnen einen Vorschlag, aber Kerstin ist damit nicht einverstanden.

○ Raul und Kerstin wollen eine Zeitung kaufen.

○ Ein zweiter Vorschlag wird ebenfalls von beiden abgelehnt.

○ Glücklich gehen sie damit fort.

Ein unglücklicher Zufall

Aufgabe

Über Beobachtetes berichten

Bildgeschichte

THEMA

Ein unglücklicher Zufall

INHALT

1. Frau Bedamo ist mit ihrem Hund im Restaurant. Er liegt unter dem Tisch und beobachtet den Tischnachbarn.
2. Dieser versucht mit Mühe eine Wurst anzuschneiden.
3. Plötzlich fliegt sie im hohen Bogen durch die Luft und Bello will sie schnappen.
4. Die Kellnerin hatte den Vorfall nicht bemerkt und stürzt über die Hundeleine.

DARBIETUNGSVORSCHLAG

Bildgeschichte in ungeordneter Reihenfolge zeigen

Lernziele

1. S erstellen einen kurzen, sachlich richtigen Bericht. Sie sollen darauf achten, dass die Vergangenheitsform gebraucht wird.
2. S füllen die Lücken in einem vorgefertigten Bericht aus.

Unterrichtsverlauf

EINSTIEG

L: Gestern war ich mit meiner Familie im Restaurant.

S äußern sich dazu, erzählen von eigenen Restaurantbesuchen.

Oder

L führt Kassette mit Geräuschen aus einem Restaurant vor.

S erraten die Geräusche, erzählen von eigenen Restaurantbesuchen.

Oder

L zeigt sofort die ungeordneten Bilder: Ich habe euch eine Bildgeschichte mitgebracht, die in einem Restaurant spielt.

ERARBEITUNG

1. Teilziel: Ordnen der Bildgeschichte im Klassengespräch oder in Partner- oder Gruppenarbeit, Begründung der Reihenfolge

2. Teilziel: Beschreiben von Bild 1 und 2: Die wichtigsten Bildaussagen werden in 2 bis 3 Sätzen zusammengefasst (Stichwörter an die Tafel)

3. Teilziel: Bild 3 beschreiben, treffenden Satz dazu suchen, Stichwörter sammeln

4. Teilziel: Die Situation auf dem 4. Bild ausführlich beschreiben. Dann soll das ganze Geschehen so kurz und sachlich wie nur möglich ausgedrückt werden. Dabei wird auf richtige Reihenfolge, Klarheit und den Gebrauch der Vergangenheit geachtet.

5. Teilziel: Passende Überschrift suchen

VERARBEITUNG

Ausfüllen des Lückentextes oder Anfertigen eines eigenen Berichtes nach Stichwörtern.

Weitere Arbeitsvorschläge

SPRACHLICHE GESTALTUNG

1. Eine ausführliche Erzählung entwerfen, mit dem Bericht vergleichen
2. Über ein anderes Ereignis berichten

SATZBAU

Szene im Restaurant spielen (Fragen/Antworten)
Herr Ober, kommen Sie bitte zu uns!
Ja, guten Tag, mein Herr, was wünschen Sie?

WORTSCHATZ

Substantive: Wir betrachten ein Restaurant: Einrichtung; Menschen, die dort arbeiten; ...
Wir lesen eine Speisekarte.

Verben: Was tut man in einem Restaurant? essen, trinken, ...

Adjektive: Wie kann ein Restaurant sein? elegant, einfach, gemütlich, ...
Wie ist der Hund Bello? geschickt, ...

mit war beobachtete Hund

versuchte hohen Wurst schnappte

Tisch sprang Kellnerin dem

Hundeleine kam stürzte

Ein unglücklicher Zufall

Frau Bedamo ______ gestern Mittag ______ ihrem ______ Bello im Restaurant „Zur Eiche".

Der Hund ______ den Tischnachbarn, der vergeblich ______ eine ______ anzuschneiden.

Als die Wurst plötzlich im ______ Bogen vom ______ flog, ______ Bello danach und ______ sie.

Gerade in ______ Augenblick ______ die ______ und stolperte über die ______.

Die Frau ______ zu Boden.